자기만
옳다는 사람과
대화하는 법

마리테레즈 브라운 지음
장혜경 옮김

자기만
옳다는 사람과
대화하는 법

나르시시스트, 고집불통, 기분파와
얼굴 붉히지 않고 할 말 하는 기술 28

갈매나무

말싸움은 안 하지만
논쟁은 이깁니다

"우리 팀장은 진짜 버럭쟁이에요. 무슨 말만 하면 버럭! 그런 사람하고 무슨 말을 하겠어요?" 트레이닝이나 강연을 하는 날이면 매일같이 이런 하소연을 듣는다. 나를 찾아오는 모든 사람의 주변에 나르시시스트가 넘쳐나고 독기 품은 혓바닥이 넘실거린다. 내가 이런 주제로 얼마나 조언을 많이 하는지를 생각해보면, 나를 찾아오지 않는 사람 대다수가 인격장애 환자라는 말이 된다. 합리적인 대화가 불가능하고 우리의 일상 소통을 엉망진창으로 만드는 인간들이 이 세상에 넘치고 또 넘쳐나는 것이다.

좋은 뉴스 하나, 사실은 그렇지 않다. 좋은 뉴스 둘, 아무리 까다로운 인간도 대부분의 경우에는(물론 모든 경우는 아니지만) 대화를 나눌 수 있고, 보통은 대화를 나눈 보람이 없지 않다.

그런데 어째서 우리는 주변에 온통 가망 없는 인간들만 우글댄다는 느낌을 받는 걸까? 어떻게 해야 우리를 괴롭히는 인간들과 잘 어울려 살 수 있을까? 살다 보면 의견이 충돌해서 상대를 설득해야 하는 상황이 적지 않다. 동료가 나의 멋진 아이디어를, 고객이 우리의 훌륭한 제품을, 상사가 연봉 인상을, 배우자가 친구 모임을 수긍해주었으면 좋겠다. 계약이 잘 체결되고, 팀원들끼리 잘 어울려 함께 프로젝트를 성사시키고 싶다. 하지만 상대가 마음의 문을 닫아걸고 당신의 말을 들으려 하지 않으면 참으로 난감하고 골치가 아프다.

어떻게 하면 고집불통을 앞에 두고도 뚜껑이 열리지 않을까? 어떻게 해야 상대가 우리 생각을 받아줄까? 우리의 제품과 제안과 정치적 견해를 수긍해줄까? '모난 돌'일수록 '정'으로 때려서는 답이 나오지 않는다. 상대는 더욱 방어 자세로 들어가 당신을 거부할 것이다. 하지만 협력하는 기술로는 언쟁의 분위기를 누그러뜨릴 수 있고 아무리 모난 돌이라도 다듬을 수 있다. "이해는 합니다만……" 같은 식의 흔한 언사로는 앞으로 나아갈 수 없다. 사실 그 말은 틀린 말이기도 하다. 나의 능력을 의심하는 동료를 어떻게 이해하겠는가?

이 책은 스물여덟 가지 협력의 기술을 소개한다. 까다로운 고난도의 주제에도 대화를 유지하여 당신의 논리와 세계관을 펼치도록 돕는 다양한 기술을 소개한다. 일상의 재미난 이야기와 각종 실험 결과는 물론이고 심리학 이론도 곁들인다. 차근차근 배워가다

보면 갈등이 싫어 논쟁을 피하는 사람도 투지와 설득력을 키워나
갈 수 있을 것이다.

순발력이면 다 무찌를 수 있다는 생각은 잘못이다. 우리는 내
일도 동료와 함께 일해야 한다. 내일도 배우자와 한집에서 살고 싶
고, 내일도 오늘의 사업 파트너와 협업하고 싶다. 시끄럽게 떠들지
않아도, 모든 말에 순발력 있게 딱딱 대응하지 않아도 설득력 있는
사람이 될 수 있다.

협력하는 대화 기술을 소개하는 다섯 개의 장은 대화의 순서로
보아도 좋다. 먼저 상대의 관점을 이해하고 논리 뒤편에 숨은 진짜
의도를 알아내는 일에서 시작한다. 동시에 긍정적인 관계의 토대
를 닦아 상대를 존중하면서도 자신의 영향력을 높일 기회를 만든
다. 관계의 토대를 만들었다면, 그 위에서 자신의 논리를 펼쳐나가
되 상대의 가치관을 존중해야 한다. 물론 상대의 공격과 오해도 감
안해야 한다. 어떻게 하면 당당하게 상대의 공격을 막아내고 긍정
적인 대화로 되돌아갈 수 있을지는 5장 '무례한 말, 무식한 말, 비꼬
는 말에도 흔들리지 않는 법'에서 배울 수 있다. 대화 분위기가 격
해졌을 때도 마찬가지다. 일단 상대의 말을 듣고 이해하는 과정이
선행해야 하겠지만 결국에는 어떤 점이 잘못되었는지를 분명히 밝
혀 상대의 논리를 반박하고 공격을 방어해야 한다.

각 장을 마무리하는 별면에서는 태도나 인성으로 스물여덟 가
지 기술에 힘을 더하는 법을 다룬다. 목소리, 신체 언어, 단어 선택

을 어떻게 해야 상대에게 신뢰감을 줄 수 있을까? 그 방법을 배워본다. 더불어 감정적인 대화 분위기를 누그러뜨릴 비법도 알아볼 것이다. 이 지점은 온라인 소통에서도 큰 역할을 한다. 온라인에서는 특히 논쟁이 격해지기 쉽다. 왜 그런지, 어떻게 대처해야 할지도 함께 알아보자.

중도가 답은 아니다

나의 동생은 2월 29일에 태어나서 4년에 한 번 생일이 돌아온다. 윤년이 아니어서 29일이 없는 해에는 의견이 엇갈린다. 한쪽에서는 2월의 마지막 날이고 3월 1일 하루 전날이니 28일에 파티를 해야 한다고 주장한다. 다른 쪽에선 생일은 미리 축하하는 것이 아니므로 3월 1일에 파티를 해야 마땅하다고 주장한다. 둘 다 옳다. 누가 옳으냐를 두고 싸우는 일은 무의미하다. 양쪽의 한가운데인 오전 12시로 하자는 타협안도 무의미하기는 마찬가지이다.

배우자와 저녁을 어디서 먹을지 고민 중이다. 그는 동쪽 끝 식당으로 가자고 하고 당신은 서쪽 끝 식당에 가고 싶다. 그렇다고 중간으로 합의를 보아서 기차역이나 공사장 코앞에 있는 식당으로 들어가는 선택은 옳지 않다. 매일 지각하는 부하직원과 조금만 더 정시에 가깝게 출근하자고 합의를 보는 상사는 없을 것이다.

다툼의 목표가 '합리적 중도'를 찾는 것이라고 생각하는 사람이 많다. 절대 그렇지 않다. 특히 둘 중 한쪽이 가시밭길을 걷는 중이라면 더욱 그래서는 안 된다.

우리에게 필요한 것은 토론으로 의미 있는 공동의 해결책에 도달하는 능력이다. 그렇게 갈등을 해소하는 한 가지 방법이 바로 협상이다.[1] 임금 협상부터 휴가 계획에 이르기까지, 두 사람의 생각이 달라 합의를 보고 싶을 때, 우리는 늘 협상을 한다. 결과는 나의 입장일 수도 있고 상대의 입장일 수도 있으며, 양쪽 모두의 바람을 고려한 전혀 다른 방법일 수도 있다. 입장을 명확히 주장할수록 결과는 당신의 입장에 가까워진다. 그러므로 갈등이 생길 때는 협상력 못지않게 설득력도 필요하다. 어중간한 타협에 머물지 말고, 상대를 당신의 입장에 설득력 있게 끌어들여 최선의 해결책을 찾자는 말이다.

하지만 굳이 합의가 필요치 않을 때도 있다. 양쪽의 생각이 다 옳거나, 다 가능한 경우이다. 이를테면 나의 동생의 경우 한쪽은 2월 28일에 파티를 하고 다른 쪽은 3월 1일에 파티를 하면 된다. 미국 철학자 존 롤스John Rawls는 이를 두고 순리적 다원주의reasonable pluralim라 불렀다. 그는 아무리 철저하게, 논리적으로 고민해도 다른 결론에 이를 수 있고, 굳이 공동의 해결책이 필요치 않다면 그 둘을 나란히 둬도 무방하다고 주장한다. 서로를 해치거나 피해를 주지 않는다면 다른 종교, 다른 연애관, 다른 가족관, 다른 세계관이 나란히 공존해도 아무 문제가 없다는 말이다. 이렇게 생각하면 나와 생각이 다르다고 해서 무조건 사납게 몰아세울 필요가 없다.

사실, 굳이 의견 일치가 필요 없다는 자세로 일체의 토론을 피하는 편이 가장 간단한 해결책일 것이다. 토론이란 아무리 잘된다 해도 그 자체로 스트레스인데, 거기에 말까지 안 통하는 인간이라면 최대한 멀리하는 편이 평화의 지름길이다. 그래서 다들 한 마디씩 충고를 던진다. "그런 인간은 아예 건드리지를 마." "저런 인간 상대해봤자 너만 골치 아파." "끼리끼리 노는 거야." "남이야 뭐라고 하건 너 하고 싶은 대로 하면 되지." 나와 생각이 다른 사람은 모조리 외면하라는 뜻으로 오해하지만 않는다면, 뭐 새겨들어도 나쁘지 않을 충고이다. 그러나 나와 생각이 다르다고 아예 쳐다보지도 않는다면 무슨 일이 일어날까? 늘 생각이 같은 사람하고만 촉각을 곤두세워 섬세하게 소통한다면, 우리는 비판력과 대화 능력을 잃고 잘못된 방향으로 가고 있어도 깨닫지 못할 것이며, 상대를 설득하여 바람직한 방향으로 함께 나아갈 기회를 잃고 말 것이다.

대화 능력을 잃어서 중요한 협상도 버럭 화내며 중단해버리고 만다면 바람직한 비즈니스 관계를 쌓을 수 없다. "내 아이디어가 아무리 기가 막혀도 저 사람들은 무식해서 알아보지 못해." 동료들을 그런 식으로 험담하는 사람은 투지를 키울 수 없다. 협상이란 타인의 마음을 움직이는 일이다. 호응하지 않는 상대도 포기하지 않아야 한다. "No"는 토론의 시작에 불과하다. 토론의 문이 열려야 질문이 뒤따를 수 있다. "어떻게 해야 상대가 생각을 바꾸어 호응할까?" 이어서 우리는 내용을 잘 포장하여 최대의 효과를 거둘 방법을 고민할 것이다.

누가 옳은지는 중요하지 않다?

중요한 지점에서 의견이 상충하는 사람과 토론할 때 우리는 일단 성급한 결론부터 내리고 본다. '분명 저 인간은 멍청하거나 정신이 옳지 않거나 나쁜 놈이다!' 그래서 상대가 뭐라고 하건 혼자 분노한다. '잘 알지도 못하는 주제에 주둥이만 살아서 나불나불!' '저거 정상이야?' '저런 생각을 하다니 저 인간은 틀림없이……' 자기 입장은 당연히 상대보다 더 객관적이고 더 합리적이며 더 논리적이다.[2]

우리는 쉽게 오만해지고 실망하고 분노한다. 내가 옳다고 확신하고, 상대는 절대 말이 안 통할 것이라고 짐작한다. 결국 그래서 무력감이 밀려든다면 그야말로 최악의 짬뽕이다. 물론 실제로 당신 말이 옳을 수도 있다. 지금 여기서 "모두가 다 옳아. 관점이 다를 뿐이지" 같은 말을 하자는 것은 아니다. 언제 어디서나 그렇지도 않으니 말이다. 때로는 진실에 더 가까운 사람이 있는 법이다. 그러나 대화를 나눌 때는 당신이 옳건 그르건 그건 중요치 않다.

상대를 설득하고 싶다면 선택을 해야 한다. 상대를 설득하고 싶은가? 아니면 상대가 얼마나 바보인지 증명해 보이고 싶은가?

둘을 동시에 할 수는 없다. 후자를 선택한다면 아무도 당신에게 고마워하지 않을 것이다. "날 바보로 만들어줘서 고마워요. 당신 생각이 옳은지 고민해볼게요." 누가 이렇게 말하겠는가? 공격은 방어적인 반격을 부른다.

그러므로 유명한 하버드 협상 전략의 원칙은 이러하다. "태도는 부드럽게, 행동은 단호하게Fortiter in re, suaviter in modo." 사람들이 당신을 나쁘게 보는 이유는 의견이 다르기 때문이 아니다. 당신이 그들의 의견을 비난하기 때문이다. 상대의 마음을 얻으려면 섬세한 감각과 협력하는 태도가 필요하다. 특히 멍청이와 마주 앉았을 때는 더욱 그렇다.

이보다 더 완벽할 수 없는 논리를 펼쳐도 질 때가 있다. 사이비 종교 신자들은 지도자가 예언한 멸망이 일어나지 않아도 믿음을 버리지 않는다. 예언이 틀렸다는 것보다 더한 증거가 없는데도, 자신이 믿었던 모든 말이 헛소리였다는 최고의 증거를 보고도 꿋꿋하게 믿음을 지킨다. 아니 오히려 전보다 더 굳게 믿는다. 특히 그 믿음을 위해 많은 것을 포기했다면 더욱 그렇다. 직장에 사표를 던지고 가족을 등지고 주변 사람들을 끌어들였다. 그런데 이제 와서 그 전부가 거짓이라면 무슨 꼴이 되겠는가? 그날 세상이 멸망하지 않았다면 그건 예언이 틀렸다는 증거가 아니라 맞았다는 증거이다. 그들의 믿음 덕에 세상이 멸망하지 않았으니 말이다. 그래서 전보다도 더 지도자를 믿는다. 건강식품을 먹을 때도 비슷한 일이 일어난다. 큰 효과가 없어도 효과를 믿는다. 심지어 증상이 더 나빠져도 그건 다 명현현상, 그러니까 나쁜 것이 몸 밖으로 빠져나오느라 생기는 현상이다. 증상이 호전된다면 그 역시 효과가 있다는 증거이다. 나빠지건 좋아지건, 무슨 일이 일어나도 다 식품의 효과를 증명한다.

우리는 마음에 드는 세상을 눈앞에 그린다. 그렇게 하여 의견을 한결같이 지킨다. 다시 말해 오늘도 어제와 같은 말을 할 수 있어야 한다. 우리는 바꾸기보다 지키기 위해 더 많은 일을 한다.[3] 심지어 심리학자 시어도어 뉴컴Theodor Newcomb은 일관성 추구가 우리 행동의 중심 동기라고 주장한다.[4] 다른 사람들 눈에 바람에 흔들리는 갈대 같은 사람이 아니라 지조 있는 사람으로 보이고 싶은 것이다. 어떤 기업의 소프트웨어 제품을 싫어하던 사람이 하루아침에 그걸 샀다고 자랑할 수는 없는 일이다. 남들이 뭐라고 하겠는가? 평생 특정 정당에만 투표했는데 이제 와서 그게 다 잘못이었노라 인정할 수는 없다. 성격이나 확신의 깊이에 따라 차이가 있겠지만, 많은 사람이 그랬다가는 체면이 깎인다고 생각한다. 물론 누구나 당연히 의견을 바꿀 수 있다. 지식과 조건은 쉬지 않고 변한다. 지금의 생각이 4년 전 생각과 다를 수 있다. 하지만 많은 사람이 그런 변화를 불쾌하다고 느낀다. "나는 자신에게 충실해"라는 말은 자신의 긍정적 가치관대로 살겠다는 각오로 해석될 때에는 멋진 일이지만, 절대로 자기 태도를 바꾸지 않겠다는 다짐으로 해석되는 경우에는 멍청이가 되는 지름길이다.

우리는 자기 생각을 인정하는 정보만 믿으며 자기 생각을 지키려고 한다. 특정 제품이나 식습관에 대해 의견이 형성되면 정글 같은 온라인에서도 그 의견을 인정하는 정보만 골라서 보고 듣는다. 거금을 투자해 비싼 차를 샀다면 그 차의 흠을 들추는 글을 굳이 읽을 이유가 없다.

심지어 자기 입장과 반대되는 정보는 아예 눈을 감아버린다. 미국 인지과학자 스티븐 핑커Steven Pinker는 여러 차례 실험을 통해 확신이 깊은 참가자들은 아무리 믿을 만한 자료라 해도 자기 확신과 맞지 않으면 완전히 왜곡 해석하는 경향이 있다는 사실을 입증하였다. 심지어 그 자료가 통계적으로 확실해도 그렇다. MRI로 뇌를 찍었더니, 신경학적으로도 이 현상이 확인되었다.[5] 정치적 확신이 굳은 실험 참가자들에게 지지하는 정당의 불쾌한 측면을 알려주었더니 의식적 사고를 담당하는 전전두피질이 작동하지 않았다. 그러니까 우리는 누군가 우리의 확신을 반박하면 그냥 무시해버린다. 확신이 강할수록 더욱더 무시한다.

이렇듯 우리는 상대의 정당성을 인정하기보다 자신이 옳기를 바란다. 그래서 최대한 많은 지점에서 상대에게 호응해주고, 그 내용을 교묘하게 나의 논리로 끌어들일 때 상대를 설득할 확률이 가장 높다. 절대 화합할 수 없을 것 같은 두 입장 사이에 다리를 놓는 것이다.

어중간한 타협을 넘어
최선의 해결을 위해

이 책에서 소개하는 기술은 "A가 X라고 하면 B는 Y라고 해야 한다"는 식의 지침이 아니다. 설명을 곁들이지 않은 기계적인 기술만으로는 소통을 배울 수 없다. 상대는 당신이 진심으로 그렇게 생각하는지 아니면 자기를 마음대로 조종하고 싶어 그런 말을 하는지 다 느낀다. 그러므로 모든 기술에는 설명을 곁들였다. 이 설명들은 소통이 어떻게 작동하는지를 보여주고, 방해만 되는 과거의 소통 패턴에서 벗어나도록 도울 것이다. 그래야만 각자의 상황에 맞는 해결책이 나올 수 있다.

"망치만 있는 사람 눈에는 못밖에 안 보인다."[6] 각기 다른 토론의 주제와 성격, 상황에 잘 대처하려면 한 가지 방법만으로는 안 된다. 그런데도 우리 대부분은 자기 패턴을 너무나 고집하여 어디서나 그 패턴만 써먹는다. 가령 되도록 상대를 이해하려는 사람은 이해가 지나쳐서 자기 입장을 아예 입에 올리지도 못한다. 그런가 하면 상대가 무슨 말을 하건 무조건 반대부터 하고 보는 사람도 있다. 이렇듯 한 가지 방법만 고집하다 보면 그 방법이 안 통할 때는 대책이 없다. 이제부터 소개할 스물여덟 가지 기술은 당신의 활동 범위를 넓혀 상대의 마음을 얻을 기회를 열어줄 것이다. 여러 방법이 있으니 자신에게 맞는 것으로 골라보자.

'협력'이라고 해서 자기 의견을 분명히 밝히지 말라는 뜻이 아니다. 대화를 이어가면서 공동의 해결방안을 찾자는 목표로 협상에 임하자는 뜻이다. 그러자면 때로는 어쩔 수 없이 충돌과 명확한 입장 표명이 필요하다.

이 책은 소통이 힘든 당신에게 무엇이 문제인지 가르쳐줄 것이다. 또 이미 시험해본 적 있는 기술이나 앞으로 시험해보고 싶은 기술을 점검하고 싶을 때도 참고서가 되어줄 것이다. 이 책에 실린 온갖 방법 중에서 자신에게 맞는 것을 골라도 좋고, 몇 가지를 결합하여 나름의 방법을 만들어도 좋다. 이 책을 다 읽고 나면 모두가 당신의 말에 귀 기울일 것이고, 기분 좋게 대화와 설득을 마무리할 수 있을 것이다.

2. 불리한 대화에서도 주도권을 가져오는 심리 게임

3. 소모적인 논쟁에 휘말리지 않는 현명한 대화 기술

4. 나의 반론이 먹히지 않았던 사소한 이유

5. 무례한 말, 무식한 말, 비꼬는 말에도 흔들리지 않는 법

66

1.

대화가
말싸움으로 번지는 데에는
이유가 있다

99

설득하겠다는 생각을 내려놓을 때
대화는 시작된다

토론에서 가장 많이 저지르는 실수로 상대가 무슨 말을 할지 이미 알고 있다는 믿음이 있다. 그래서 곧바로 자기 논리부터 풀어놓는다. 앞으로는 그러지 말고 내용의 미묘한 뉘앙스에 귀 기울여 상대의 진짜 생각을 알아내도록 노력하자. 그래야 그 내용에 맞추어 다음 논리를 조율할 수 있고, 분위기를 화기애애하게 만들어갈 수 있다. 분위기가 좋으면 대화를 시작한 지 얼마 안 되었어도 상대가 불신을 접고, 조금이나마 양보의 여지를 보인다.

논리만 따지기 시작하면
벽이 쌓인다

잘 주고받던 대화가 순식간에 갈등으로 번진다.[1] 팀장이 부하

1. 대화가 말싸움으로 번지는 데에는 이유가 있다

직원의 제안이 영 마음에 들지 않아 이런 논리로 거절한다.

"현재 예산으로는 불가능해요."

"장기적으로 보면 이 방법이 오히려 비용을 절감합니다. 왜 그러냐 하면……"

"그래도 지금 비용이 발생하잖아요. 아무리 미래가 좋아도 지금 당장 투자할 돈이 없어요."

"생산부에서 조금 보태 주면 되잖아요. 모자란 부분은 외부 전문가에 의뢰하고요."

"우리 예산을 주라고요? 아쉽지만 지금 실천하기는 어려운 제안이에요."

"그럼 다른 대안이 있나요? 있으면 저 좀 보여주세요. 얼마나 저렴한지 궁금합니다."

부서 내부 프로젝트 미팅이건, 고객 상담이건, 부부 대화이건, 의견 차이가 감정적으로 흘러서 오히려 각자의 입장을 더 굳히게 되는 일이 정말 많다. "그래요. 하지만……" 식 토론은 논리가 오갈수록 점점 더 부정적인 방향으로 흐른다. 논리가 변화를 어렵게 하고 갈등만 키운다. 논리를 늘어놓을수록 두 사람을 가로막은 벽이 더 크고 더 높아지기 때문이다.

논리를 펼칠 때마다 사람은 자기 입장의 구덩이로 더 깊이 빠진다. 논리와 함께 앞에서 말한 일관성 효과, 즉 자기 의견을 지키려는 마음이 더 강해지기 때문이다. 당연히 논리가 거듭될수록 자기 의견을 버리기가 힘들어지고 기분도 나빠진다. 또 상대가 나를 굴복시키려는 것만 같아서 자기도 모르게 방어 자세를 취하게 된다. 무조건 싫다고 소리치는 사춘기 반항아처럼 말이다.[2] 대화를 시작할 때만 해도 아직 자기 생각에 확신이 없던 상대도, 당신이 마구 반론을 펼치면 점점 확신을 굳힌다.

상대의 말을 듣자마자 바로 반박하면, 상대는 당신이 생각도 안 하고 무조건 반대부터 하고 본다고 느낀다. 당연히 불만이 생기고 반발감이 일어 마음을 닫을 것이다. 들으려고도 하지 않는 사람에게 호응할 리 만무하지 않은가?

기자 정신으로
상대방을 탐구한다

제일 좋은 방법은 아예 논리의 벽이 생기지 않도록 하는 것이다. 먼저 질문을 던지자. 평범한 질문이 가장 힘센 설득의 도구이다. 질문을 던지면 상대가 방어 자세를 취하지 않는다. 자기 입장을 변명하고픈 마음이 들지 않는다. 또 질문은 상대를 향한 당신의 관심을 입증한다. 인간은 누구나 질문을 받고 싶지 설득당하고 싶지 않다. 나중에 협상이나 미팅 결과가 자기 의견과 다를지라도, 그 전에 자기 생각을 말할 수 있으면 결과에 더 만족한다.[3] 질문을 던지고 경청하면 상대도 당신의 말에 귀 기울일 확률이 높아진다.

나를 존중하는 사람은 똑같이 존중해주고 싶은 것이 사람의 마음이다. 이것이 상호성의 원칙이다. 긍정적인 것을 받은 사람은 긍정적인 것을 되돌려주고픈 마음이 생긴다.[4] 또 당신의 호기심 어린 질문과 관심은 상대가 자기 입장을 객관적으로 바라보고 자기 지식의 한계를 인정하도록 한다.

무엇보다 질문의 가장 중요한 효과는, 상대의 대답에서 그의 진짜 생각을 알 수 있다는 점이다. 질문은 관계와 지식의 토대를 쌓는다. 그 토대 위에 서면 더 알찬 논리를 더 효율적으로 펼칠 수 있다.

그런데도 실제로 질문을 하는 사람은 극소수이다. 주제가 마음에 들거나 상대의 생각을 알겠다는 믿음이 드는 순간 우리는 서둘러 입을 열고 "그렇지만"을 내뱉는다. 반사 신경이 어찌나 대단한지 정신을 차려보면 어느 사이 논리와 반론의 패턴에 들어가 있다.

이 악순환을 멈추자면 설득하겠다는 생각을 내려놓아야 한다. 그런 생각이 유익한 대화를 방해한다. 첫 논리가 먹히지 않았다고 바로 실망에 젖을 수 있으니 말이다. 설득하겠다는 압박감에서 벗어나 목표를 설득이 아닌 이해로 바꾸자. 기사를 쓰기 전에 조사부터 하는 기자처럼 상대가 정확히 무엇을 생각하는지, 무엇이 관건인지를 탐구해보자. 당신을 설득하려는 것이 아니라, 당신의 마음을 알고 싶다는 느낌을 주자.

이 장에서 소개하는 여러 기술을 이용하면 상대의 진짜 마음을 읽을 수 있다. 동시에 상대의 자기성찰을 가로막는 흔한 논리의 악순환에서 벗어날 수 있다. 물론 무엇보다 열심히 조사하고 탐구하는 자세가 필요하겠다.

상대가 스스로 허점을 깨닫게 하는 한마디
: 구체적 질문을 던진다

토론을 시작하자마자 혀끝에 "그렇지만"이 매달린다. 그러나 그 말을 꿀꺽 삼켜야 한다. 상대의 제안이 누가 봐도 별 볼 일 없어도 참고, 상대가 스스로 알아차리도록 도와주어야 한다.

다들 이런 경험이 있을 것이다. 무언가를 아주 굳게 믿고 있었는데, 누군가 꼬치꼬치 캐묻자 갑자기 믿음에 물음표가 붙는다. 이를 '읽지 않은 장서 효과Effekt der ungelesenen Bibliothek'라고도 부른다. 우리는 자신이 특정 지식을 갖추었다고 믿는다. 그러나 누군가가 나서서 꼬치꼬치 캐물으면 자신이 아는 바가 하나도 없다는 사실을 깨닫는다. 한 실험에서 극단적인 정치 성향의 참가자들에게 지지하는 당의 정책을 최대한 상세하게 설명해달라고 부탁하였다. 대부분이 설명하지 못했고, 그 후 그들의 정치적 태도가 다소 누그러졌다. 그러나 이들에게 개인적인 동기를 묻고 왜 그 정당을 지지하는지 이유를 열거하라고 시켰더니 같은 효과가 나타나지 않았다. 무지가 발각되지 않았기 때문이다. 안다고 믿는 것에 대해 기계적인 설명만 요청해도 스스로 자기 지식의 허점을 깨달았다.[5]

토론에서도 이 원리를 이용하자. 상대의 아이디어에 구체적인 질문을 던지고, 어떻게 그런 생각을 하게 되었는지 캐물어보자. 육하원칙을 적용해서, 누가 언제 어디서 어떻게 무엇을 왜 했는지 묻는다. 어떻게 실천할 수 있을까? 누가 실천할 것인가? 시간이 얼마나 필요할까? 어디서 실천할 것인가? 어디서 알게 된 아이디어인가?

말이 막히거나 허점을 깨닫는 순간 많은 사람이 불쾌감을 느끼고 짜증을 낸다. 따라서 이때에도 호기심과 관심을 보여야 한다. 말투에 비난이나 질책이 실리지 않게 조심해야 하며 상대를 설득하겠다는 인상을 풍겨서는 안 된다.

이미 반론이 머리에 들어차 호기심 어린 질문이 힘들다면 반론을 질문으로 바꾸어보자. "예산이 없어요" 대신 "예산이 얼마나 필요할까요?" 혹은 "우리 예산이 충분할까요?"라고 묻는다. "자원이 없어요"라고 못 박듯 말하지 말고 "어떤 자원이 필요할까요?" 혹은 "그럴 만한 자원이 우리한테 있을까요?"라고 묻는다. "시간이 안 돼요"라고 말하지 말고 "시간이 얼마나 걸릴까요?" 혹은 "우리한테 그 정도 시간이 있을까요?"라고 묻는다.

그러면 상대방은 스스로 자신의 취약한 부분을 깨닫는다. 상대를 자기 생각의 전문가로 존중할수록 상대는 스스로 자기 지식의 한계를 인정할 마음을 먹는다. "그건 한번 더 검토가 필요하겠네요. 조금 더 생각해보겠습니다."

미국 작가 조쉬 빌링스Josh Billings는 말했다. "바보가 자기 잘못을 깨닫게 만드는 가장 좋은 방법은 제멋대로 하게 내버려두는 것이다." 상대를 바보 취급하라는 말이 아니다. 구체적 질문을 던지라는 말이다. 질문은 상대의 각성을 유도하기도 하지만, 스스로 잘못을 깨닫는 계기가 되어주기도 한다. 중요한 것은 누가 옳은가가 아니라 무엇이 최고의 해결책인지이니까 말이다.

Tech 1 구체적인 질문

구체적인 질문을 던져 상대의 입장을 더 상세히 파악하고 상대에게 자기성찰의 기회를 주자. 이때 육하원칙의 질문을 활용하면 좋다.

• "정확히 어떻게 하나요? 먼저 해본 곳이 있을까요? 사례를 좀 들어주시겠어요? 누가 담당하나요? 뭐가 필요할까요?"

반론은 질문의 형식으로 바꾼다. "예산이 없어요"라고 말하지 말고 "예산이 얼마나 들까요? 우리한테 그만한 예산이 있을까요?"라고 묻는다.

진짜 의도를 알기 전엔 토론을 시작하지 말라
: 억지 부리는 '진짜' 이유를 파고들기

부장이 이런 말로 임금 인상 제안을 거부한다. "미안하지만 더는 줄 수 없어. 예산이 없거든. 우리도 어쩔 수가 없어." "지난주에 옆자리 동료는 인상해주셨잖아요. 제가 이 회사에서 얼마나 많은 일을 했는데 그러세요. 이것도 하고 저것도 하고……" "뭐 그건 그렇다 치더라도 돈이 없으니 난들 어쩌겠어."

전형적인 임금 협상 장면이다. 상사는 자기가 바꿀 수 없는 조건을 들먹이며 인상을 거절한다. 협상 끝! 부하직원은 거절의 진짜 이유도 모른 채 한껏 반론을 펼쳐보지만, 그 반론 탓에 오히려 상사의 논리(부족한 예산)에 휘말려 들어간다. 사실 직원은 예산 부족이 진짜 이유가 아니라는 사실을 이미 짐작하고 있다. 옆자리 동료의 임금이 지난주에 올랐으니 말이다.

진짜 이유는 딴 데 있는데도 우리는 생각 없이 상대의 논리를 받아들여 반론부터 펼치고 본다. 어떨 때는 자신도 모르는 사이 입에서 반론이 튀어나온다. 상대의 진짜 이유를 알기 전에는 절대 토론에 뛰어들지 말자. 그랬다간 이유도 모른 채 서로 딴소리만 해대다가 대화가 끝난다. 그러니 가정의 질문을 던져 상대의 논리를 점검해보자. 논리가 존재하지 않는다면, 혹은 당신이 해결책을 찾는다면 어떻게 될까? "그 문제만 해결된다면 다른 건 다 동의하시겠습니까?" 이 질문 하나로 상대에게 다른 의도가 있는지 없는지가 밝혀진다. 무엇이 관건인지를 알아낸 후에 알아낸 사실을 바탕으로 토론을 이어나가면 될 것이다.

위에서 소개한 임금 협상의 경우 부하직원은 이런 가상의 질문으로 부장의 의도를 점검해볼 수 있다. "예산이 있다면 저의 요구를 수용하실 건가요?" 아마 부장은 이렇게 대답할 것이다. "당연하지. 그런데 예산이 없어." 와우! 그 말은 회사가 직원의 능력을 인정한다는 뜻이다. 따라서 그 사실을 명확히 집은 다음 예산과 관련하여 공동의 해결책을 찾을 수 있다. "제 능력을 인정해주시니 감사합니다. 부서 예산 확충을 위해 제가 할 만한 일이 있을까요?" 혹은 부서 예산이 확충되는 대로 다시 임금 협상을 하자는 약속을 받아내는 방법도 있다.

가정의 질문이 거절의 진짜 이유를 밝힐 수도 있다. "아니. 작년 자네 실적이 너무 저조해. 재택근무 때는 연락 두절된 경우도 몇 번 있었고. 이번 프로젝트도 기한을 지키지 못했잖아." 이런 대답으로 상사의 부정적 평가를 확인한다면 앞으로는 상사에게 믿음을 주고자 더 노력하면 될 일이다.

진짜 문제를 알기 전에 토론에 휩쓸리지 말아야 할 이유는 더 있다. 어설픈 반론으로 상대 역시 더 생각할 여지를 얻게 될 수 있으니 말이다. 주제가 남녀 문제처럼 껄끄러울 때도 마찬가지이다. 상대가 이렇게 공격한다. "뭔 헛소리야. 시끄러운 몇몇 페미니스트나 지껄일 소리를." 그의 논리는 '시끄러운 소수'이다. 시끄러운 소수가 침묵하는 다수를 대변할 수는 없다는 주장이다. 이럴 때에는 이런 가상의 질문으로 상대의 논리를 점검할 수 있다. "소수가 아니라 다수라면? 그렇다면 생각을 바꿀 거야?" "아니, 어차피 페미들의 피해자 코스프레는 정말 참기 힘들어." 그의 대답에서 진짜 논점이 드러난다. 이제 당신은 그에 맞게 대응할 수 있다.

"마스크는 어차피 도움이 안 돼요. 괜히 언론이 호들갑이라니까. 내가 어디서 읽었는데……" 상대의 말이 당신에게 심한 거부감을 줄수록 감정은 격해지고 당장 반론을 펼치고 싶은 마음이 커진다. 그 유혹을 이기고 상대의 논리를 점검하려면 이렇게 물어야 한다. "마스크가 도움이 된다면 마스크 쓰실 거예요?" 상대는 이런 대답을 할 것이다. "하지. 하지만 도움이 안 된다잖아." 혹은 "안 해요. 코로나는 위험한 바이러스가 아냐." 혹은 "안 해요. 어차피 가게는 망하게 생겼어. 이놈의 전염병 때문에 다들 집에만 틀어박혀 있잖아."

질문하지 않았다면 듣지 못했을 대답들이다. 오해는 특별한 일이 아니다. 오해는 다반사다. 거절의 진짜 이유를 알아야 적절한 논리로 상대를 설득할 수 있다. 그래야 당신의 논리가 상대의 진짜 마음을 향할 테니까.

Tech 2　논리를 점검한다

반론을 펼치기 전에 상대가 진정으로 원하는 바가 무엇인지 점검한다.

• "(거절 논리)를 해결할 방도를 찾는다면 생각을 바꾸실 건가요?"

일단 화부터 내고 보는 사람을 어떻게 다룰까
: 감정은 인정하면 누그러진다

영화감독이 제작사 사장에게 시나리오를 건넨다. 마주 앉은 사장이 시나리오를 읽기 시작하더니, 몇 페이지 읽지도 않고서 비판을 쏟아내기 시작한다. 감독이 이런저런 제안을 건네지만 듣는 둥 마는 둥 고개를 저어댄다. 뭐가 문제냐고 감독이 묻자 아주 신경질적인 반응을 보인다. 감독이 정말 시나리오가 안 좋아서 그러느냐고 되묻자, 사장이 길길이 날뛴다. "그걸 말이라고 해요? 그럼 내가 괜히 시비를 건다는 거야 뭐야? 마음에 드는 게 하나도 없어. 처음부터 싹 다 뜯어고쳐요!"

다들 이런 경험이 있을 것이다. 뭔지 모를 불쾌한 긴장감에 가슴이 답답한데 상대는 통 구체적인 이유를 말하지 않는다. 왜 저럴까? 진짜 이유가 뭐지? 당신 혼자 속으로 끙끙댄다.

크기가 어떻건 감정은 무시하면 안 된다. 감정이 대화의 핵심을 알려주고, 때로는 긴장을 풀어주기 때문이다. FBI는 인질 협상 때 인질범에게 당신의 감정을 충분히 이해한다는 신호를 보내어 긴장한 마음을 풀어주려 애쓴다. 이 방법을 '감정에 이름 붙이기' 혹은 '감정 라벨링emotion labeling'[6]이라고 부른다. 간단히 말해 상대의 감정에 호소하는 것이다. 상대의 감정을 알아차리고 그 이름을 불러준다. "실망이 크신 것 같습니다." "화가 나셨군요." "상처가 많으시군요." "몹시 불안하신 것 같습니다." 이어 바로 질문을 덧붙여도 좋다. "실망이 크신 것 같습니다. 아직 고민 중이신가요?" 이런 말로 상대를 이해하고 있다는 마음을 전한다. 당연히 상대의 마음에 신뢰감이 일고 분위기가 긍정적으로 바뀐다. FBI가 인질범과 협상할 때 이 기술을 사용하는 것도 같은 이유에서다. 전직 FBI 수사관 개리 노스너Gary Noesner는 이 기술이 제일 중요한 도구 중 하나라고 말했다.[7]

물론 감정에 호소했을 때 상대의 감정이 더 격해지기도 한다. 힘든 상황에서 누군가 자신을 이해한다는 느낌이 들면 왈칵 눈물이 솟구치지 않는가? 마치 포옹과 같은 효과이다. 바짝 긴장하고 있었는데 누군가 다가와 꼭 안아줄 때와 같다. 긴장이 스르르 풀리면서 울컥 감정이 치밀어오른다. 하지만 그러고 나면 감정은 다시 사그라든다.[8]

이해하는 듯한 상대의 말에 일단 분노가 폭발한다. "그래요. 나 화났어요. 프로젝트 시작한 지가 벌써 몇 달이야? 매주 회의는 해대면서 나 말고 아무도 손가락 하나 까딱 안 하잖아." 분노의 원인이 밝혀진다. 감정은 공기를 꽉 채운 풍선과 같다. 공기를 빼면 감정도 순식간에 쪼그라들고 훨씬 더 차분하게, 목표 지향적으로 대화가 진행된다. 감정에 호소하면 숨어 있던 진실이 드러날 확률이 높아진다. 순수한 사실은 속여도 자기감정에 관해서는 거짓말을 잘 못하는 것이 우리 인간이니까 말이다.[9]

앞의 영화감독도 사장의 감정에 이름을 붙인다. "스트레스가 심하신가 봅니다. 시나리오도 그렇고, 지금 이 자리도 그렇고 다 마음에 안 드셔서 화가 나셨군요." 사장이 한숨을 푹 쉬며 말한다. "맞아요. 스트레스가 심해. 오늘따라 너무 정신이 없네요. 이번 분기 결산을 끝내야 하는데 실적도 너무 안 좋고 해서. 내가 괜히 감독님한테 짜증을 부렸네. 미안해요." 감정이 가라앉자 두 사람은 편안한 분위기에서 가장 중요한 지점만 논의한다. 사장은 실무 담당자를 불러 나머지 부분의 협상을 맡긴다.

미팅 중에 고객이 말을 멈추고 제품을 한 번 더 꼼꼼히 살핀다. 혹은 아주 진지한 표정을 지으며 생각에 잠긴다. "아직 확신이 안 서시는군요." 감정에 호소하는 이 한 마디가 솔직한 대화의 문을 열 수 있다. 고객이 망설이는 이유를 설명할 것이고, 당신은 그 지점을 적극 설명할 수 있다. 이렇듯 감정이 큰 자리를 차지하는 곳에서는 언제나 감정 라벨링이 적절한 방법이다. 감정에 호소하여 감정을 가라앉히고 지금까지 드러나지 않았던 진짜 이유를 찾아내 보자.

관찰한 사실과 감정을 결합해
진실을 밝힌다

인간은 사실보다 감정을 해석할 때 더 솔직해진다. 상대가 뭔가 숨기거나, 상대의 말이 진실이 아니라는 느낌이 들 때는 그 점을 활용할 수 있다. 배우자가 오늘 또 야근이라고 말하면서도 괜찮다고 한다. 정말 괜찮을까? 납품업체 사장에게 약속한 날짜에 납품할 수 있냐고 묻자 머뭇머뭇 그러겠다고 대답한다. 정말 약속을 지킬 수 있을까?

상대의 진심을 알고 싶다면 특수한 형태의 감정 라벨링을 활용해보자. 의심스러운 사실을 당신이 관찰한 감정과 결합하는 것이다. "괜찮다는 말이 괜찮지 않게 들려." 걱정 실린 당신의 한마디가 배우자의 입에서 진실을 끌어낸다. "그러게 말이야. 같이 저녁 먹은 지가 언젠지 기억도 안 나네." 배우자가 진심을 털어놓지 않고 괜찮다고 고집을 부릴 수도 있다. "아냐, 진짜 괜찮다니까." 그럴 때에도 조금 전에는 느끼지 못했던 짜증의 낌새를 대답에서 포착할 수 있을 것이다.

마찬가지로 공급업체가 정말 약속을 지킬 수 있을지 확신하고 싶다면 감정에 호소하면 된다. "올해 말까지 납품할 수 있다고 하셨는데, 대답이 시원치는 않네요." 사장이 머뭇거린 이유를 털어놓는다. "아, 네, 우리 인적 자원을 따져보느라 그랬습니다. 자회사랑

의논을 해봐야겠어요. 의논 후에 확답 드리겠습니다." 그가 당신의 의심을 부정한다 해도, 만일 감정을 속이고 있다면 뭔가 신경질적인 기미가 보일 것이다.

상대의 감정을 잘못 해석하면 어찌하나 걱정하지 말자. 당신이 틀렸다면 상대가 적극적으로 나서서 고칠 것이다. "아닙니다. 회사 일정을 따져보느라 그랬어요. 당연히 기한은 지킵니다. 작년에도 그 정도는 너끈히 납품했는걸요."

사실과 감정을 결합하면 상대의 입에서 진실을 캐낼 수 있다. 상대가 끝까지 말하지 않더라도 신경질 섞인 태도나 말투에서 상대의 마음을 짐작할 수 있다.

Tech 3 감정 라벨링

상대의 감정에 호소하자. 처음에는 감정이 거세질 수도 있겠지만, 금방 다시 수그러든다.

- "화가 나신 것 같아요. 실망하신 것 같습니다. 안 좋은 일이라도 있으신가요?"

감정 라벨링의 또 한 가지 버전은 사실과 감정의 결합이다. 상대가 진실을 말하지 않는다는 느낌이 들거든 그 사실을 그의 감정과 결합해보자.

- "말씀은 알겠다고 하셨지만 제가 보기엔 불안하신 것 같습니다."
- "당신은 괜찮다고 하지만 괜찮지 않은 것 같은데."

사람은 자기가 믿고 싶은 것만 듣는다

: 오해하지 않고 이해하는 '통제된 대화' 기술

트레이닝을 할 때마다 참석자들에게 자주 시키는 연습이 있다. 바로 '통제된 대화Der kontrollierte Dialog'이다. 이 방법은 토론이 과격해지지 않게 막아주면서도 양쪽이 서로 딴소리만 하다 끝나지 않도록 도와준다. 먼저 두 사람씩 짝을 지어 토론을 시작한다. 의견이 엇갈려서 논리와 반론이 오갈 만한 주제를 선택한다. 특별한 규칙은 없다. 자유롭게 토론하면 된다. 단 싸움을 해서는 안 된다. 토론을 하다 보면 그냥 연습인데도 시끄러워지는 일이 드물지 않기 때문이다.

두 번째 버전으로, 이번에도 토론을 한다. 단, 앞의 연습과 달리 이번에는 상대가 한 말을 자기 말로 번역하여 되풀이한다. 상대가 그 번역이 맞는다고 동의해야 자기 논리를 펼칠 수 있다. 이것이 통제된 대화이다.

두 번째 버전의 토론을 마치고 나면 참가자 대부분이 당혹감을 표한다. 특히 자신의 요약과 해석이 상대방의 말과 전혀 달라서 놀라고 당황해한다. 가령 "고속도로에서 속도를 130으로 제한하면?"이라는 주제로 토론을 했다고 치자. 한쪽이 이렇게 묻는다. "그러니까 속도제한이 무의미하니까 마음대로 달리게 속도제한을 풀어주라는 말이지요?" "아니, 그런 말이 아니라 속도제한을 180으로 하자는 말이에요. 더 빨리 달리고 싶으면 자동차 경기에 참가하면 될 일이고."

놀랍게도 우리는 상대의 말이 자신의 가치관과 다를 때 상대의 말을 잘 알아듣지 못한다. 그러기에 상대의 말을 일단 정확히 파악할 필요가 있다. 여담이지만, 두 번째 버전의 토론이 첫 번째 버전보다 참가자들의 목소리도 더 낮다. 첫 번째 버전에선 분위기가 험악해져서 참가자들이 얼굴이 벌건 채로 앉아 있는 광경을 자주 목격한다.

상대의 말을 정확하게 옮기려면 일단 상대의 말을 끝까지 경청해야 한다. 우리는 그러지 못할 때가 많다. 병원에서 조사를 해봤더니, 의사들이 환자가 말을 시작하고 평균 15초 만에 말을 자른 경우가 69퍼센트나 됐다고 한다. 환자가 하고 싶은 말을 다 하게 내버려두어도 평균 64초밖에 안 걸리는데 말이다.[10] 시간이 촉박한 의사들만의 문제가 아니다. 우리도 늘 상대방의 말을 자른다. 특히 상대가 나와 전혀 다른 의견일 때는 더욱 그렇다. 어서 내 말을 하고 싶은 마음이 강렬하기 때문이다. 당연히 상대는 존중받지 못한다고 느낄 테니 관계에 좋은 영향을 미칠 리 없다.

상대의 말을 자르고 싶어도 꾹 참고 끝까지 다 들어보자. '고급 듣기high quality listening'라 부르는 이런 편견 없는 경청이 극단적 태도를 감소시킨다는 사실은 실험 결과로도 입증되었다. 상대에게 거절당할지 모른다는 불안을 줄이기 때문이다. 또 경청은 말하는 사람이 스스로 자기 논리의 문제를 깨닫게 한다는 장점도 있다.[11] 정확한 번역은 그 이후에야 가능하다.

정확한 번역은 세 가지 긍정적 결과를 가져온다. 즉 오해를 줄이고 긴장을 풀며 존중의 마음을 보여준다. 한 실험에서 웨이터가 손님의 주문 내용을 반복하여 확인했더니 평소보다 팁을 두 배 더 받았다.[12] 누군가가 내 말을 들어준다고 느끼면 기분이 좋아진다. 토론에서도 자기 입장을 계속 반복할 필요가 없다고 느끼면 관계가 돈독해지고 상호 이해가 가능해진다. FBI도 범인의 말을 끝까지 주의 깊게 들어준 후 그의 말을 다시 한번 자기 말로 되풀이한다. 이 방법은 협상 초기에 난항에 빠진 상황을 해결할 결정적 열쇠가 되며, 신뢰를 회복하여 해결방안을 마련하는 지름길이 된다.[13]

상대의 말을 그대로 따라 하는 것은 번역이 아니다. 상대가 말한 핵심을 자기 말로 이야기해야 한다. 상대가 확실하게 말하지는 않았지만 마음에 두고 있는 내용을 알아내어 내 말로 들려주는 것이다. 상대가 듣고서, "그래! 바로 내가 하고 싶었던 말이야!"라고 외칠 수

있도록 말이다.[14]

가령 고객이 이렇게 말한다. "안 오른 게 없네요. 정말 전부 다 너무 비싸요." 당신은 그 말에 숨은 욕망을 읽어내어 이렇게 번역한다. "그러게 말입니다. 그래서 이번에는 특별 할인가를 적용하려고요." 누군가 이렇게 말한다. "요즘엔 애들을 너무 오냐오냐 키워요. 하지 말라고 하면 될 것을 무슨 애를 앉혀놓고 토론을 벌여요. 애들이 부모를 가지고 논다니까." 당신은 그 말을 이렇게 긍정적으로 번역한다. "맞습니다. 아이들도 훈육이 필요하지요."

상대의 의견이 나와 정반대라면 좋은 말로 번역하기가 쉽지 않다. 그런 만큼 내 말로 번역하는 능력은 토론의 핵심 능력 중 하나이다. 상대의 부정적인 말을 긍정적인 당신의 말로 번역하자. 상대는 자신이 이해받는다고 느끼고 당신을 신뢰할 것이고, 대화는 우호적인 방향으로 흘러간다.

상대의 자백을 받아내는
번역의 기술

상대의 시각이 지나치다고 말해주고 싶을 때는 번역에 살짝 부정적인 해석을 곁들인다. 그러면 상대가 곧바로 자신의 잘못을 자백할 수도 있다.

어떤 회사의 사장이 여성 직원을 몇 차례 성추행했다. 1년 후

새 직장을 찾은 여직원이 사장을 성추행 혐의로 고발하였다. 두 남성 직원이 그 사건을 두고 이야기를 나눈다. 한 남성이 말한다. "지금 와서 저렇게 길길이 날뛸 거면 그때는 왜 참았지? 그때는 가만 있다가 왜 인제 와서 저래?" 다른 남성이 대답한다. "그러니까 사장이 아무 잘못도 없다는 거지? 책임은 당한 직원에게 있으니까 사표를 내건 말건 알아서 하라고?" "아니, 그건 아니지, 잘못은 사장이 했지. 나는 다만 진즉에 그랬더라면 더 좋았겠다 싶은 거야."

한 에이전시 직원이 동료와 함께 어떤 디자이너 이야기를 하고 있다. 에이전시가 디자이너를 어떤 회사와 연결해주었는데 회사 측에서 작업 결과에 불만을 표시했다. 그래서 디자이너에게 전달했더니 버럭 화를 내며 중간에서 말을 잘못 전한 에이전시 탓을 했다는 것이다. "자기가 찔리니까 그렇게 길길이 날뛰지." 동료가 그 말을 번역한다. "그럼 화내는 사람은 다 찔리는 거네?" "아니, 그런 말은 아니고. 왜 그렇게 난리를 치는지 모르겠다 이 말이지."

이처럼 득이 많은 번역도 해가 될 때가 있다. 상대의 입장을 되풀이함으로써 오히려 그 입장에 힘을 실어주게 되는 경우이다. 특히 두 가지 경우를 조심해야 한다.

첫째, 상대가 협박을 할 때이다. "말을 못 알아들어요? 여기 바보들만 모였어요? 계속 이런 식이면 여기서 누구 하나 잘릴 거야." 이 협박을 번역하면 어떻게 될까? "그러니까 계속 이런 식이면 한 사람을 해고하시겠다는 거죠." 물론 그 말을 듣고 상대가 아무리

화가 났어도 말이 심했다며 상황을 좋게 마무리할 수도 있다. 하지만 상대가 자신의 말을 또 한 번 듣고서 더 자극을 받을 수도 있다. "다들 각오하는 게 좋을 거야." 따라서 이런 경우에는 '최소화하는 번역'이 더 바람직하다.[15] 번역할 때 협박의 강도를 줄이는 것이다. "그러니까 합리적인 대화가 안 되면 결과가 안 좋을 것이라는 말씀이시군요." 상대의 분노를 무시하지 않으면서도 협박의 강도는 줄인다.

둘째, 협상 상대가 높은 금액을 불렀을 때이다. 이때 가격을 되풀이하면 그것이 차후 모든 협상의 기준이 되어버린다.[16] 따라서 "그러니까 2,800유로를 원하신다는 거죠"라며 상대의 금액을 반복하기보다는 곧바로 당신의 금액을 제시하라. "우리는 2,015유로가 적절하다고 봅니다. 이유는……" 상대의 높은 요구가 아니라 당신의 입장과 제안이 협상의 출발점이 되어 유리한 쪽으로 금액을 조율할 수 있다.

Tech 4 자기 말로 번역한다

상대가 말하고자 하는 내용을 좋은 방향으로 당신의 말로 되풀이한다.

- "제가 제대로 알아들었다면 그쪽에서는……"
- "그러니까 그 말씀은……"
- "그러니까 그쪽에서 원하는 바는……"

상대가 잘못을 인정하도록 만들고 싶을 때는 번역에 부정적인 해석을
살짝 곁들인다.

- "그러니까 그 말씀은 (부정적인 해석)……"
- "(부정적인 해석)을 원하시는 건가요."

※ 예외

상대가 협박을 할 때는 '최소화하는 번역'으로 협박 수위를 낮춘다. 가격
협상 때는 상대의 가격을 무시하고 곧바로 당신의 제안을 던진다.

자기 잘못을 모르는 사람을 변화시키는 질문

: '내 기분이 어떨 것 같아?'는 효과가 없다

상대의 생각과 행동을 이해하기 힘들 때가 적지 않다. 약속을 안 지키고 지각을 밥 먹듯 하는 부하직원을 상사가 어떻게 이해할 수 있을까? 행동의 결과를 깨닫지 못하는 이상 여러 번 지적해도 소용이 없다. "그게 뭐 별일이라고. 다들 그러고 사는 거 아냐?"

자기 잘못이 무엇인지를 모르다 보니 부하직원은 상사의 지적을 들어도 말꼬리 잡는 식으로 사소한 부분만 물고 늘어진다. "제가 그날 몸이 안 좋았습니다." "옆자리 동료에게 그 일 맡아달라고 특별히 부탁까지 했는데요." "왜 만날 저만 나무라세요. 진짜 지각 하는 사람은 따로 있는데." 면담은 삼천포로 빠져 누가 더 지각을 많이 하는지를 따지다가 끝나고 만다.

트레이닝에 참석했던 한 회사 팀장도 딱 자기 부하직원 이야기라며 하소연하였다. 직원들이 다 있는 자리에서 부드럽지만 단호

한 말로 태도 변화를 요구했지만 소용없었다. 그가 또 지각한 날 팀장은 부하직원에게 이렇게 말했다. "드디어 오셨구먼. 오늘 회의록은 자네가 써." 하지만 효과는 잠깐이었다. 그는 지각이 왜 그렇게 문제인지 이해하지 못했다. 이해를 못 하니 자각을 할 리 만무하다.

바로 그 점이 입장 차이의 핵심이다. 입장을 바꿔 상대가 왜 그런 생각을 하는지를 이해하기란 쉽지 않다. 그러나 꼭 필요하고 매우 중요한 단계이다. 한 실험에서 참가자들에게 타인의 입장이 되어보길 요청하자 곧바로 극단적인 입장과 편견을 버렸다.[17] 누군가를 이해하기 위해서는 먼저 스스로 물어볼 필요가 있다. '내가 그의 입장이라고 생각해보자. 무엇을 이해할 수 있을까?' '저 사람은 왜 그럴까?' 그러면 감정의 불길이 사그라들면서 명령조의 말투가 절로 없어진다. 왜 그 사람이 그렇게 행동했는지 이해가 되기 때문이다.

그러나 당신이 상대를 이해한다고 상대도 절로 당신을 이해하는 것은 절대 아니다. 상대가 당신을 이해하지 못할 때는 특정 질문이 도움이 된다. 위의 팀장은 보통 의견이 다를 때 사람들이 자주 활용하는 질문으로 접근했다. "내가 자네를 못 믿어서 일정을 자꾸 미루다가 여러 일정이 겹쳐서 일이 엉망진창 되는데, 내 심정이 어떨 것 같아?" 하지만 아무 성과가 없었다. 이유가 무엇일까?

'내 기분이 어떨 것 같아?'보다
'넌 어떻게 할 것 같아?'로

문제는 질문의 방식이다. 상대의 생각을 바꾸고 싶을 때에도 표현 방식이 중요하다. 에스터 강Esther Kang 박사와 아룬 락슈마난 Arun Lakshmanan 박사는 여러 차례 실험을 거쳐 의사 진단을 받은 나르시시스트들이 언제 기부하겠다는 마음을 먹는지 알아보았다. 먼저 이들에게 사진을 보여주며 시리아 난민의 생활상을 설명했다. 그러나 기부 의사가 커지지 않았다. 나중에는 난민의 입장이 되어보라고 독려하였더니 공감과 기부 의사가 높아졌다.[18]

보통은 "내 기분이 어떨 것 같아요?"라고 많이 묻지만, 이런 질문은 별 도움이 안 된다. 그러나 "네가 내 상황이라고 상상해봐. 넌 어떻게 할 것 같아?"라고 물으면 효과가 있다. 상상이 실제 생활에 가까울수록 효과는 더 좋다. 방법은 아래 두 가지이다.

1. 피해자의 상황
상대에게 피해자의 입장이 되어보라고 청하고 그 입장이라면 어떤 기분이 들고 어떤 행동을 할지 물어본다.

2. 상대의 상황
상대가 비슷한 처지에 있었을 때를 상기시킨다. 혹은 상대의 상황에서 가능한 사례를 들어준다.

팀장은 1번을 택하여 이렇게 물었다. "자네가 내 입장이 되어서 팀을 이끌어간다고 생각해봐. 직원이 하루가 멀다 하고 지각하고 정해진 규칙을 안 지켜. 여러 번 부탁했는데도 고치지를 않아. 그럼 자네는 어떻게 할 것 같아?" 직원은 당황하더니 잠시 고민하다가 머뭇머뭇 대답했다. "팀장님하고 똑같이 했겠지요." 팀장이 다시 물었다. "그럼 어떻게 하면 문제가 해결될지 제안해보겠어?" 직원은 지각하지 않고 정시에 참가할 수 있는 미팅만 수락하겠다고 대답했다. 생각 없이 여기저기 끼겠다고 나서다 보니 이런 사태가 생겼다고 하면서 말이다. 또 이제부터는 혹시라도 늦을 것 같으면 바로바로 연락하겠다고 약속했다. 후에는 약속을 잘 지켰다.

팀장은 부하직원을 해결에 끌어들였다. 왜 그가 그런 행동을 하는지, 어떻게 하면 달라질 수 있을지 제일 잘 아는 사람이 그이기 때문이다. 알고 보니 그는 너무 많은 일을 떠맡아 감당을 못하고 있었다. 이렇듯 처지를 바꾸어 생각하면 상대를 이해할 틈이 열리고, 그 이해를 바탕으로 대화를 바람직한 방향으로 이어갈 수 있다.

굳이 입장 바꾸어 생각하지 않아도 관점을 바꿀 수 있다. "저번에 그 중요한 고객분하고 미팅할 때 생각 안 나요? 별도로 시간까지 뺐는데 같이 참석하기로 했던 담당자 두 명이 30분이 지나서야 나타났잖아요. 그때 어땠어요?"

퇴근하고 같이 술 한잔하자는 제안을 일정이 바빠서 거절하자 동료는 이해가 안 된다는 표정으로 섭섭하다고 말한다. 당신은 그가 몇 년 전에 야간대학을 다니느라 엄청 바빴던 시절을 상기시킨다. "그때 얼마나 바빴는지 기억 안 나? 나도 요새 그래."

트레이닝을 할 때도 나는 이 방법을 자주 써먹는다. 커뮤니케이션 트레이닝을 해달라는 의뢰를 받고 어떤 기업에 갔을 때다. 처음부터 분위기가 싸했다. 자기소개를 할 때부터 불평이 터져 나왔다. "우리도 개선이 필요하지만 정작 진짜 필요한 사람은 빠졌어요." 대표를 향한 직원들의 불만이 상당했다. 그래서 나는 참가자들에게 종이 한 장을 반으로 접어서 왼쪽에 불만사항을 쭉 적으라고 부탁했다. 다들 신이 나서 적어대는 바람에 종이가 모자랄 판이었다. 이어 나는 오른쪽 칸에 그 불만을 해결할 방도를 적어보라고 부탁했다. 상당수가 움칠하였고, 적힌 내용이 훨씬 적었다. 나는 직원들과 함께 제안의 실현 가능성을 따져보았고, 실제로 대부분이 실현 가능성이 없다는 결론을 내렸다. 대표의 처지가 되어보니 야근을 줄이고 예산을 맞추고 일정을 지키며 회사를 꾸려가는 일이 생각처럼 만만치 않았던 것이다. 직원들이 처지를 바꾸어 사장을 이해하자 그다음부터는 문제가 술술 풀렸다.

입장 바꾸기의 장점을 입증하는 또 한 가지 사례가 있다. 고객 상담부에서 디자인 시안이 나올 때마다 이렇게 저렇게 바꾸어 달라고 요청을 해대자 디자인부의 한 직원이 화가 나서 말했다. "쥐뿔도 모르는 것들이 뭘 잘난 척하며 이래라 저래라야!" 그 말을 들은 고객상담부 직원이 그에게 물었다. "상담실에 앉아서 마음에 안 든다는 고객들 불평과 바꾸라는 사장님 지시를 듣고 있으면 어떨 것 같아요? 그쪽이라면 어쩌겠어요?" 그러자 디자인부 직원이 대답했다. "아, 물론 저라도 디자인 부서에 전화를 하겠어요. 그래도 명령하듯 요구하지는 않을 거예요. 일단 먼저 의논을 하지." 두 사람은 약속을 했다. 앞으로 디자인 변경을 결정하기 전에 일단 먼저 디자인부와 의논을 하기로 말이다.

입장을 바꾸면 이해의 문이 열린다. 갈등이 가라앉고 소통의 문제를 해결할 토대가 마련된다.

Tech 5 입장 바꾸기

상대에게 지금 당신이 비난하는 그 사람의 입장이 되어보라고 적극적으로 요구하라. 두 가지 방법이 있다.

1. 비난하는 사람의 상황
• "그 사람 같은 상황이라면 어떻겠어? 넌 어찌할 거야?"

2. 상대의 상황
• "(비슷한 상황)을 떠올리면 어떤 생각이 들어? 그런 상황이 다시 오면 어떻게 할 거야?"
• "지금이 그때(비슷한 상황)라고 생각해봐. 어떨 것 같아?"

"네가 이러면 남들 기분이 어떻겠어?" 같은 말은 효과가 없으니 쓰지 말자.

때로는 유연하게 때로는 강인하게
: '다정한 대결'을 불사를 용기

태도는 설득력에 큰 영향을 미친다. 1973년에 실시하여 지금은 매우 유명해진 사회심리학 실험, '폭스 박사 실험'이 입증한 사실이다. 심리학자와 정신건강의학자들을 청중으로 모셔 놓고 폭스 박사가 강의를 하였다. 청중에게는 그를 의학자로 소개했다. 수학을 인간 행동에 응용하는 의학 분야의 대가라고 말이다. 그러나 사실 그는 학자가 아니라 배우였다. 그가 맡은 임무는 전문 강의와 연이은 토론에서 틀리거나 모순된 내용을 최대한 많이 언급하면서도 최대한 능력 있고 카리스마 넘치는 모습을 연출하는 것이었다. 청중은 그에게 열광했고 그를 전문가라고 굳게 믿었다.

폭스 박사의 목소리, 신체 언어, 단어 선택, 행동 전반이 어쩌나 강렬했던지 청중은 강의 내용의 허점을 전혀 알아차리지 못했다. 청중이 관련 학문의 전문가들이기는 했으나 그 분야의 전문가는 아니었다는 사실도 한 가지 이유였다. 전문 지식이 있었다면 틀린 내용을 단박에 알아차렸을 테니 말이다. 그래도 이 실험은 한 사람의 태도가 설득력에 엄청난 영향을 준다는 사실을 잘 보여준다. 어떤 주제에 관해 지식이 적을수록 화자의 태도에 의견이 좌우된다.

2년 후에는 살짝 형태를 바꾸어 다시 한번 같은 실험을 시행하였다. 이번에는 설명과 내용의 질에 차이를 두었다. 그랬더니 내용이 나쁠 때는 설명이 뛰어나야 했다. 내용이 정말 좋으면 설명이 꼭 좋지 않아도 된다.[19]

물론 설명과 내용, 둘 다 좋으면 그야말로 천하무적이다. 정말 까다로운 상대도 너끈히 설득할 수 있을 것이다. 그러나 논쟁의 주제에 배경 지식이 많지 않더라도 풍기는 이미지가 좋다면 큰 도움이 된다.

자, 이제부터 빠르고 쉽게 당신의 영향력을 키울 방법을 알아보기로 하자.

가치관과 발달의 사각형

설득하는 태도에는 상대를 수긍하는 능력 못지않게 투지 있게 밀고 나가는 능력도 포함된다. 다시 말해 상대를 존중하는 능력과 상대의 존중을 받는 능력, 수용과 직면을 불사하는 용기가 동시에 필요하다. 당연히 어느 쪽도 극단으로 흘러서는 안 된다. 이 두 가지가 균형 있게 함께해야 긍정적 투지가 발휘된다.

'가치관과 발달의 사각형'은 이를 잘 설명한다. 아리스토텔레스가

수용	직면
존중하기 다정함 공감 조화	존중받기 투지 경계 의견 불일치
굴종	인정 없는 냉혹함
갈등 기피 희생 무입장	위협 이기주의 광신 / 독단

긍정적 투지를 발휘하는 수용과 직면의 용기[20]

기원이며, 원래는 '가치관 사각형'이었는데, 1967년 심리학자 파울 헤드비히Paul Hedwig가 자신의 스승이던 니콜라이 하르트만Nicolai Hartmann의 이론을 기초로 발전시킨 모델이다. 그것을 1989년 소통심리학자 프리데만 슐츠 폰 툰Friedemann Schulz von Thun이 인간의 소통과 인성 발달에 활용하고자 '가치관과 발달의 사각형'으로 확대하였다.

위 표에서도 알 수 있듯 수용과 직면의 용기는 극단으로 흐를 경우 굴종과 인정 없는 냉혹함이라는 부정적 형태로 변질된다.

때로 우리에겐 '수용'이 필요하다. 상대에게 다정하게 다가가 그 사람과 그의 입장을 존중하고, 필요하다면 자기 입장을 완전히 내려놓을 줄 아는 능력이 필요하다. 때로는 '직면'도 필요하다. 거절하거나 뻔뻔한 행동을 지적할 줄 알아야 하며, 자기 입장을 명확히 밝히고 상대에게 "틀렸다"고 말하는 능력이 필요하다.

그러나 지나치면 자기 이익만 생각하고 상대와 그의 감정을 고려하지 않는 '인정 없는 냉혹함'으로 흐른다. 자기 입장을 관철하기 위해서라면 수단과 방법을 가리지 않는 사람은 목표를 이루지 못한다. 설사 이룬다 해도 관계는 망가진다. 더구나 남을 생각하지 않는 사람은 신뢰를 잃는다. 꼭 막혔다는, 독선적이라는 인상을 풍긴다. 나도 그런 경험이 있다. 평소 다니던 병원에서 의사에게 대체의학 치료법에 관해 물었더니 갑자기 짜증을 내면서 대체의학을 환자 주머니나 터는 사기꾼 취급하며 마구 비난하기 시작했다. 그래서 나는 오히려 더 그의 말이 의심스러웠다. 의사가 조금만 화를 덜 냈다면 그의 말을 더 새겨들었을 테고 그가 맹목적이라고 생각하지 않았을 것이다.

　　수용이 과하면 자기 의견을 입 밖으로 내지 못하는 '굴종'이 된다. 평화를 너무도 사랑하여 어떻게든 갈등을 피하려고 애쓰다 보면, 상대를 이해하는 데에만 혈안이 된다. "그래, 이해할 수 있어. 그 사람 입장에서 보면 그렇지." 하지만 이해한다고 해서 반드시 상대 편을 들어야 하는 것은 아니다. 이때 물러서는 이유는 공감하기 때문만이 아니라 거부당할지 몰라 겁이 나기 때문이기도 하다. 거부당하지만 않는다면 뭐든 다 괜찮은 것이다.

　　하지만 이렇게 갈등을 피하면 평화는 찾아오겠지만 부정적인 결과도 생긴다. 수동적인 공격성이 대표적이다. 속으로는 부글부글 끓으면서 아무 말도 못 하면 자기도 모르게 자꾸만 뾰족한 말이 튀어나온다. 또 어느 순간 갑자기 감정이 폭발해서 그동안 잘 숨겼던 모든 것이 만천하에 드러난다. 물 한 방울에 양동이가 넘치는 격이라서 모두가 깜짝 놀란다. "파리도 못 죽일 것 같던 애야." 폭탄이 사전 경고도 없이 터진다.

긍정적 투지를 발휘하려면 위의 사각형 윗부분에 있는 두 가치가 필요하다. 즉 이 둘을 묶는 '다정한 대결'이 필요하다. 누구나 그런 긍정적 투지를 발휘할 수 있고, 실제로 대부분의 경우에서 이것이야말로 설득의 올바른 길이다. 정리하자면, 긍정적 투지는 장기적으로 진정한 조화를 이루기 위해서 잠깐의 불화를 견디는 능력이다.

나보다 남을 생각하는 사람을 위한
대결의 용기

———

공감을 너무 잘해서 남을 위해서라면 자기 입장도 버릴 수 있는 사람은 가능한 한 갈등을 피한다. 그런 사람들에게 '나-메시지Ich-Botschaft'는 매우 유용한 소통 방법이다. 사실 이 메시지는 소통 일반에서 매우 중요하다.

"당신은 정말 내 인생에 도움이 안 돼!"라는 비난을 생각해보자. '나-메시지'를 활용하면 뒤편에 숨은 욕망이 드러난다. 너 대신 나를 앞세워 "나는 어째야 할지 모르겠어, 도움이 필요해"라고 표현하면 상대는 공격당한 기분을 받지 않는다. 기분은 개인적인 감정이므로 틀렸다고 반박할 수도 없다. 그래서 '나-메시지'는 언쟁의 강도를 누그러뜨릴 때 유용하다. 실제 사용할 때는 그 기분을 불러온 구체적인 사건과 결합하여 표현해보자. "당신이 ……해서 내가 슬퍼." "…… 해서 당황스럽네." 이것이 진짜 '나-메시지'이다.

그러나 "나 지금 부당한 대접을 받은 기분이야" 같은 은폐된 '너-메시지'는 사정이 다르다. 이 말에는 상대가 잘못을 저질렀다는, 즉 부당한 대접을 했다는 비난이 깔려 있기 때문이다. "우리가 언쟁해도 나는 잘 대처할 수 있어. 네 말을 인신공격이라고 생각하지도 않아. 화술 공부를 많이 했기 때문에 네가 공격해도 마음 상하지 않고 여유 있게 논쟁을 이어갈 수 있어." 이런 식의 말도 은폐된 '너-메시지'이다. 전체 문장이 '너는 소통을 잘 모르지만 나는 안다'를 이야기하고 있기 때문이다. 비난이 밖으로 나가지 못하고 문지방에 걸터앉을 때, 이런 식의 그릇된 '나-메시지'가 자주 입 밖으로 튀어나온다.

이것 말고도 '나-메시지'에서 유의해야 할 문제가 두 가지 더 있다. 첫째, 상대의 열린 마음이 필요하다. 상대가 허심탄회하게 자기감정과 욕망을 털어놓겠다는 마음이 있어야 한다. 하지만 모두가 언제 어디서나 그럴 마음을 내는 것은 아니다. 마음이 없는 사람에게 감정을 토로하라 강요하면 작은 의견 차이도 큰 갈등으로 이어질 수 있다.[21] 이럴 때는 감정을 끌어들이지 않는 설명이 더 효과적이다.

두 번째로 '나-메시지'는 갈등의 원인이 나에게 있음을 암시한다. 당신이 '이 문제가 나랑 무슨 상관이 있지? 나의 어떤 욕망이 채워지지 않았을까?'라고 계속 자문하고 있다는 사실을 드러낸다. 당연히 상대는 책임을 벗게 되므로 좋아하지 않을 리 없다. 문제는 내게 있으니 내가 노력해야 하는 것이다.

바로 이 지점에 진전의 기회가 있다. 사이가 틀어질 위험도 감수하고 견디는 것! 특히 상대가 자기 책임은 하나도 없고, 다 당신 책임이라고 우기면서 공격적인 방식으로 당신을 무시할 때 당신까지 나서서 '나-메시지'로 책임을 찾아 나서는 짓은 옳지 않다. 논쟁이 당신에게 불리하도록 기울고, 감정의 고백이 또 다른 공격의 발판을 만들어줄 테니 말이다. "그렇게 스트레스를 받으시니 이 자리에 적임자가 아닌 것 같습니다."

'나-메시지'는 언제나 통하는 만병통치약이 아니다. 그런 경우에는 '나-메시지'를 과감하게 버리고 당신의 입장이나 비판이 개인의 욕망이나 주관적 느낌이 아니라 객관적 사실에 바탕을 두고 있다는 점을 적극 어필하자. 필요하다면, 가령 상대의 방법이 공정하지 못하다면 '너-메시지'도 사용할 수 있다(뒤에서 소개할 '기술 25'를 참고하라).

순발력보다 더 중요한 것

순발력 있는 사람은 유쾌하고 즐겁다. "와. 어쩜 한마디를 안 지네. 말도 어쩌면 저렇게 재미나게 해." 그래서 어디를 가나 인기가 많다. 또 자신감도 넘쳐난다. 하지만 순발력이 설득에 도움이 되는지는 또 다른 문제이다.

그런데 무슨 말도 척척 받아치는 순발력 대마왕에게 당신이 과연 설득당한 적이 있을까? 잠깐은 혹할 수 있겠지만 그 이상은 아니다. 진정한 설득은 순발력에서 오지 않는다.

순발력만 고민하면 패가 뻔히 보인다. 질문에는 곧바로 대답이, 공격에는 변명이나 역습이 따라야 한다. 관중을 자기편으로 만들어야 하는 공개토론에서는 이런 패가 도움이 된다. 하지만 상대를 이해하여 최선의 결과를 끌어내야 하는 자리에선 오히려 순발력이 비생산적일 때가 많다.

협상이나 설득 과정에서는 순발력이 부차적 역할밖에 하지 못한다. 침착하고 신중한 태도가 더 우선이다. 그래야 성급한 판단으로 후회하지 않고, 관계에도 해를 입지 않는다. 특히 협상을 할 때는 자신과 상대의 입장을 성급히 규정하지 말고 가능한 선택지를 차분히 따져보아야 한다. 반응보다 성찰이 더 중요하다.

순발력보다 침착함이 더 중요하다. 그 사실을 깨달으면 오히려 순발력이 커진다. 말마다 완벽한 대답을 던져야 한다는 압박감을 버리면 생각이 더 자유롭게 날갯짓을 할 수 있다. 더 유연하게, 더 즉흥적으로 대답할 수 있다. 불안은 생각과 입을 마비시킨다.

한 대기업 팀장이 부하직원들에게 얼마 전 그가 맡아서 성공시킨 프로젝트의 진행 과정을 설명하였다. 앞으로 진행할 대형 프로젝트에 참고로 삼으라는 뜻이었다. 그런데 프레젠테이션 도중에 한 직원이 생산부에서는 기준이 다르므로 그대로 적용하기 어렵다는 지적을 했다. 팀장은 그 말을 무시하고 하던 말을 계속하거나 설득력 없는 변명을 늘어놓지 않고 이렇게 대답했다. "좋은 지적이네요. 생산부는 나름의 기준이 있을 테니까. 혹시 문제가 될 만한 지점을 구체적으로 들려줄 수 있을까요?" 그들은 보완해야 할 지점을 의논했고 더 자세한 논의를 위해 미팅 일정을 잡았으며, 그 결과 훨씬 뛰어난 모범답안을 얻어내었다.

부하직원의 질문에 빠른 해답을 던지지 못한 팀장이 무능한 사람일까? 어떻게 모든 상황에서 모든 문제에 해답을 준비해둘 수 있을까? 빠른 대답이 옳고 좋은 대답인지는 다른 문제이다. 깨달음과 최선의 해결책을 찾는 곳에서 속도는 중요치 않다. 따라서 이런 경우 덜 빠른 대답이 오히려 더 설득력을 발휘한다. 당신이 충분히 고민하고 있다는 증거일 테니 말이다. 또 침착한 태도는 자기 확신을 키우고, 그것이 다시 당신의 설득력을 높인다.

2.

**불리한 대화에서도
주도권을 가져오는
심리 게임**

'너는 나쁘고
내가 맞다'는 금물

차이점을 들추고 도덕적인 우월을 강조하고 상대를 가르치려 드는 모든 행동이 소통을 방해하고 이해를 가로막는다. 심하면 서로 으르렁대는 적대적인 분위기로 흘러간다. 편 가르기는 교류를 방해하므로 상대를 설득할 수도 없다.

너와 나를 구분하지 않는 '우리'는 그렇지 않다. 공통점은 서로를 묶고 신뢰의 기반을 마련하며 소통을 돕는다. 뭐든 공통점이 있으면 쉽게 상대의 말을 믿게 된다. 따라서 상대와의 공통점을 파악하여 그것을 대화에 적극 끌어들여야 한다. 이 방법에도 검증된 여러 기술이 있다.

설득을 가로막는 가장 강력한 브레이크 중 하나가 오만이다. 상대가 제 잘난 맛에 취해서 자기 생각을 완전히 무시한다는 느낌이 들면 설득에 쉽게 넘어가지 않는다. 자기도 모르는 사이 방어 태세가 된다. 쥐꼬리만큼이라도 동의할 경우 자신이 틀렸다는 생각에 동의하는 꼴이 되니 말이다.

채식주의자와 육식주의자의 대화에서 이런 식의 대립을 쉽게 관찰할 수 있다. 대화는 금세 서로를 향한 비난으로 변질하고, 양쪽은 곧바로 대결 태세로 들어간다. 나는 도덕적으로 선한 쪽이고, 너는 도덕적으로 비난받아 마땅한 인간이다. 이런 식의 편 가르기가 적지 않은 토론에서 목격된다. 이분법적 사고이다. 두 가지 가능성밖에는 없다. 옳다 아니면 그르다. 모 아니면 도다. 페미니스트 아니면 일베다. 순한 양 아니면 늑대다. 중간은 없다. 이런 태도는 반론에 예민하게 만든다. 내 편이 아니면 모두 적이라는 식이기 때문이다. 또 이런 태도는 적대감을 부추겨 의심을 키운다. 내 말에 공감을 못 해? 나르시시스트네. 이런 편 가르기식 사고는 쉽게 집단 편견in group bias으로 흐른다.

집단 편견을 버리고
오만을 내려놓는다

한 사회심리학 실험에서 참가자들을 옷이나 눈동자 색깔 같은 임의의 기준에 따라 나누었다.[1] 불과 몇 초 지나지 않아 모든 집단이 자기 집단의 우수성을 찾으려 노력했다. 반대로 유대인 대학생들에게 독일인과 유대인이라는 표현 대신 사람이 사람에게 끔찍한 짓을 저질렀다는 식의 표현을 써서 과거 독일인의 범죄를 용서할 마음이 있냐고 물었더니 그렇다는 대답이 많았다.[2]

같은 집단이라는 소속감이 서로를 향한 태도를 바꾸고 공감을 형성하는 것 같다. 소속감은 보디랭귀지, 겉모습, 언어로 표현된다. '너'와 '나'를 대체하는 '우리'는 공동의 정체성을 기른다.[3] 과거 미국 시민권 운동도 소속감을 언어로 강조하였다. "당신은 백인이고 나는 흑인이지만 우리는 둘 다 미국인입니다. 우리 둘 다 인간입니다."[4]

채식과 육식 같은 민감한 주제에서도 오만을 버리면 성공의 가능성이 커진다. 대표적인 사례가 저널리스트 엘리자베트 래터 Elisabeth Raether이다. 토크쇼 〈마르쿠스 란츠Markus Lanz〉에 초대받은 그녀는 독일 도축장을 취재한 결과를 들려주었다.[5] 방송이 나간 후 언론의 호응이 대단했다. "마르쿠스 란츠를 보고 나서 당신이 채식주의자가 될 수 있었던 이유"[6] "그녀는 육식주의자가 알고 싶지 않은 내용을 과감히 설명하였다."[7] 이런 식의 제목을 단 기사들이 쏟아졌다. 거침없는 이야기에도 그녀를 욕하거나 조롱하거나 '폭력적 채식주의자'로 깎아내리는 사람은 거의 없었다.

그녀의 행동이 두 가지 측면에서 차별성이 있었기 때문이다. 첫째, 그녀는 그곳의 상황을 취재하듯 있는 그대로 묘사하였다. 돼지가 숨이 끊어질 때까지 몇 초가 걸리는지, 얼마나 고통스러운지, 대기 중인 돼지들이 어떤 모습인지, 매일 동물을 죽이는 도축장 직원들은 어떻게 마음을 다스리는지 등등 도축 과정마저도 있는 그대로 옮겼다. 그녀는 누구도 비난하지 않았다. 동물을 죽이는 사람도, 그것을 먹는 사람도. 따라서 토크쇼를 보는 관객이 죄책감을 느끼거나 변명의 말을 고민할 필요가 없었다.

둘째, 그녀는 토크쇼의 모든 참가자와 같은 눈높이에서 적극적인 자세로 토론하였다. 위에서 내려다보는 식의 오만한 말투를 버리고 '우리'로 이야기했다. "우리 모두 그래요. 알면서도 그렇게 행동하죠. 저도 마찬가지예요." '우리'라는 대명사는 너와 내가 같은 집단에 속한다는 의미이다. 그녀는 우리 모두 힘들다고 말했다. 다른 문제에서도 우리 모두 지식을 행동으로 옮기기가 쉽지 않다고 말이다. 그리고 그로 인해 발생하는 인지 부조화 현상[8], 즉 행동과 지식 사이의 간극을 매우 객관적으로 설명하였다.

'우리'로 거리를 좁혀
공동의 목표를 갖는다

직장에서나 집에서나 '우리'를 상상하기란 어렵다. 협상을 할 때도 상대는 협상 파트너가 아니라 협상 상대이다. 함께 협상을 하는 것이 아니라 서로 치고받고 싸운다. 하지만 상대를 설득하고 싶다면 오만하거나 가르치려 들어서는 안 된다. 그런 식의 태도는 토론을 격화시키고[9] 편을 가른다.

당신과 상대가 같은 편임을 강조하자. 도저히 저 사람과는 같은 편이 될 수 없다는 기분이 들수록 더욱 같은 편임을 강조해야 한다. '그쪽'과 '나'로 편을 가르지 말고 '우리'로 같은 편을 먹자. "우리는 다 이 기업의 직원입니다." "우리는 이 프로젝트를 함께 이끌어나갈 사람들입니다." "우리는 모두 공정한 결과를 바랍니다."

소속감을 강조하고 활용할 방법은 다양하다.

가치관을 공유하는
조력자의 말

절망적인 상황이 있다. 도무지 말이 안 통하는 사람이 있다. 아무리 옳은 논리를 들이밀어도 통하지 않는다. 2019년까지만 해도 크리스틴 비장Christine Vigeant은 예방접종을 증오하는 사람이었다. 어떤 논리도 먹히지 않았다. 그러던 그녀가 말 한마디에 생각을 바꾸었다(그렇다고 내가 지금 예방접종을 전파하려는 속셈은 아니니 안심해도 된다. 내용이 아니라 메커니즘을 보여주려는 것뿐이다).

2014년 딸을 출산할 당시 크리스틴은 사우스캐롤라이나에서 살았다. 그곳에서 그녀는 대안부모 그룹을 알게 되었다. '자연적'이지 않은 것은 모두 거부하며 엄격한 규칙을 따르는 집단이었다. 제약회사에서 생산하는 모든 것을 거부했고 약도, 예방접종도 '독'이라고 생각했다. 크리스틴 역시 확신에 차서 딸에게 예방접종을 시키지 않았다. 2018년에 사우스캐롤라이나를 떠나는 바람에 그 집단 사람들과 교류가 끊어졌을 때도 생각을 바꾸지 않았다.

2019년 어느 날, 페이스북에 포스팅이 하나 떴다. 사우스캐롤라이나에 살 때 뜻을 함께하던 옛 친구였다. 아니 적어도 그녀는 뜻이 같다고 믿었다. 그 친구가 이런 글을 올렸다. "방금 병원에 가서 애들한테 독을 맞추었어요. 그래도 괜찮아요. 주사 맞고 나서 유기농 사탕을 먹였으니까." 처음이었다. 크리스틴이 다른 편의 논리에도 관심을 갖게 된 것은. 그녀는 포스팅을 클릭해서 댓글을 읽었다. 친구는 자기 커뮤니티의 질문과 반론과 의혹에 이해심을 갖고 대응하고 있었다. 그날을 시작으로 크리스틴은 자기 생각과 다른 정보에도 관심을 갖게 되었다. 반대편의 논리에 마음을 연 것이다. 얼마 후에는 어린 딸에게 예방접종을 맞췄다.

무슨 일이 일어난 것일까? 크리스틴은 친구를 믿었다. 두 사람이 공동의 정체성을 나눈 사이이기 때문이다. 사회심리학에서는 이를 '공유 정체성shared identity'[10]이라고 부른다. 그들은 자신들에게 중요한 가치관을 공유한다. 그래서 상대를 믿을 수 있는 정보원으로 여긴다. 따라서 토론이 제자리걸음일 때는 당신보다 더 큰 영향력을 갖는 정보원, 즉 상대가 믿는 정보원을 찾는 것이 좋다.

잘 판단해보자. 당신이 직접 나서서 설득하는 편이 나을까? 아니면 더 빠르고 쉽게 상대를 설득해줄 누군가를 앞세울 것인가?

상급자를 설득할 때 신뢰를 주는 법
: 때로는 나의 말보다 권위자의 말을 앞세운다

우리가 사실을 얼마나 진지하게 받아들이느냐는 사실 그 자체가 아니라 사실의 출처에 달려 있다. 사람들은 '적군'에게서 나온 정보나 제안은 거부하는 경향이 크다. 친이스라엘 성향의 참가자와 중립적인 입장의 참가자를 대상으로 한 실험을 살펴보자. 그들에게 이스라엘 노동당이 작성했다는 글과 팔레스타인 조직이 작성했다는 글을 보여주었다. 글의 내용은 똑같았지만, 양쪽 모두 두 번째 글이 팔레스타인의 편을 든다고 평가했다.[11] 우리는 자연스럽게 적군의 말은 더 비판적으로 바라본다.

상대가 당신을 인정하지 않아서 설득하기가 힘들 때는 고민해보자. 상대가 믿을 수 있는 사람이 누구인가? 당신이 믿는 사람이 아니라 상대가 믿는 사람이어야 한다. 상대와 가치관이 같은 사람일 수도, 아니면 어느 쪽 편도 아닌 전문가일 수도 있다.

가령 길거리 청소년 활동가가 청소년 시절 같은 상황에 처해봤다면, 청소년들에게 훨씬 더 큰 영향력을 행사할 것이다. 아이들이 그가 자기편이며, 자기들을 잘 이해한다고 느낄 것이기 때문이다. 반대로 다가가기 힘든 전문가라면 자신들의 마음을 이해하지 못하고 부모나 선생님 편만 든다고 생각할 것이다.

좋은 직장 분위기가 직원의 업무 능률을 높인다고 주장하는 사람이 당신이나 심리학 연구소라면 아마 대표는 믿지 않을 것이다. 하지만 대표가 평생 구독해온 경제전문지가 같은 내용의 기사를 싣는다면 그도 고개를 끄덕일 것이다. 당신이 믿음을 주지 못한다면 찾아보자. 상대가 믿고 수긍할 만한 사람이 누구일까?

관계가 없으면 설득도 없다

어떻게 해야 신뢰의 기반이 쌓여 상대가 우리를 믿고 우리의 논리를 신뢰하게 될까? 여자를 잘 꼬드기는 바람둥이는 처음 만났거나 잘 알지 못하는 상대도 순식간에 사로잡는다. (미심쩍기 짝이 없지만) 그들에게는 설득에 필요한 무언가가 있는 것 같다. 짧은 시간 안에 관계를 쌓는 기술 말이다.

그중 하나가 마술이나 생각 읽기 같은 상대를 놀래줄 만한 취미이다. 혹은 첫 만남에서 최대한 여러 곳을 데리고 다녀서 많은 일을 함께했다는 기분이 들게 한다. 마지막으로 심장이 빨리 뛰는 일을 함께한다. 신체의 흥분 반응으로 서로 하나라는 기분이 들도록 만든다. 잘못 조건화된 여성은 앞으로 그를 볼 때마다 함께 경험한 상황을 무의식적으로 떠올려 매번 심장이 쿵쾅댈 것이다.

이 글을 쓰면서 나의 첫 데이트가 생각났다. 우리는 정말로 많은 곳을 돌아다녔다. 일단 ① 식당에서 만났다. 그런데 그가 식당 분위기가 너무 구리다며 간단하게 안주에 맥주 한잔 마실 곳으로 가자고 했다. 그래서 우리는 (신분의 상징인) 그의 ② 재규어를 타고 시골길을 달리다가 어떤 ③ 호수에 도착했다. 차에서 내려서 다리를 건너려는데 통행 금지 팻말이 붙어 있었다. 그래도 우리는 차단바를 넘어서 몰래 다리를 건넜다. 어찌나 스릴 있던지! 그 후 제일 가까운 ④ 식당으로 들어가서 간단하게 요기를 하고 다시 ⑤ 물길을 따라 ⑥ 허름한 술집으로 갔다. 거기서 그가 ⑦ 마술 묘기를 선보였다(물론 그는 바람둥이는 아니었다).

공동의 경험은 결속력을 키운다. 흥분될수록 더 좋다. 데이트가 아니어도 마찬가지이다. 한 실험 결과를 보면 공동의 운명을 겪을수록, 가령 고장으로 멈춘 기차에서 함께 시간을 보낸 경우 더 쉽게 대화에 빠져들었고 물리적 접촉을 더 편하게 느꼈다.[12]

물론 사업 파트너와 함께 온 동네를 휘젓고 다니란 뜻은 아니다. 고장 난 기차에 죽치고 앉아 하염없이 기다릴 필요도 없다. 요점은 함께 공동의 것을 나누라는 말이다. 당신이 그와 비슷하며 같은 집단이라는 사실을 보여주라는 말이다. 그러면 호감의 수치가 올라간다. 호감이 증가하면 당신의 영향력도 따라 증가한다.[13] 관계가 좋으면 직접적인 표현도 가능하다. 당신이 좋아하는 누군가가 "그건 네 잘못이다"라고 말하면 당신은 심각하게 받아들일 것이다. 하지만 별로 대단하게 생각하지 않는 사람이 그런 말을 하면 귓등으로 듣고 흘릴 것이다. 상대가 당신을 존중하지 않으면 제 아무리 미사여구를 늘어놓아도 통하지 않는다.

공통점으로 쌓은 관계의 이점은 어디서나 목격된다. 물건을 사고팔 때도 낯선 사람보다는 친구의 물건을 살 것이다. 모르는 사람 말보다는 친구 말을 더 믿을 것이다. 독일에서 가장 유명한 영양학자 니코 리테나우Niko Rittenau는 채식주의자로서 많은 이의 생각을 바꾸었다. 그가 한번은 나에게 설득심리학에서나 들을 법한 명언을 남겼다. "먼저 채식주의자들하고 긍정적인 경험을 쌓아야 해요." 우리 모두에게 통하는 원칙이다. 먼저 호의를 느껴야 말하는 내용에도 관심이 간다. 관계가 없으면 내용도 없다.

Tech 6 권위자를 앞세운다

상대와 생각이나 가치관이 같아서, 혹은 매우 객관적이어서 상대가 믿을 만한 정보원이 누구일까? 그 사람을 끌어들여라.

• "(권위자)가 어제 _____라고 하셨습니다."

가능하다면 그 사람과 직접 접촉해보자.

먼저 상대의 환심을 얻어라, 드러나지 않게

: 같은 편이라는 메시지를 주는 '긍정 필터' 기술

토론에서는 이렇게 요구하는 사람이 많다. "입장을 확실히 밝히세요!" 맞다. 입장을 확실히 취하는 것은 좋다. 다만 너무 성급해서는 안 된다. 앞에서 살펴보았듯이 먼저 취재하는 기자의 눈으로 질문을 던져야 한다. 어디가 문제인가? 무엇이 다른가? 성질 급한 사람은 어디 가나 손해다. 문제 해결보다 좋은 관계 맺기를 우선해야 한다.

안타깝게도 대부분이 그렇게 하지 않는다. 아래 다섯 가지 문제 풀이를 살펴보고 이상한 점이 있으면 말해보자.

36 + 11 = 47

4 x 12 = 48

186 - 15 = 171

$$47 + 4 = 52$$

$$190 + 10 = 200$$

이상한 점을 찾아보자

어떤 방정식이 틀렸을까? 계산기까지 동원할 필요도 없이 금방 찾았을 것이다. 보자마자 47+4는 52가 아니라 51이라는 사실을 알아챌 수 있다. 강연에서 이 문제를 냈더니 틀린 답을 제일 먼저 찾겠다고 다들 눈에 불을 켜고 달려들었다. 정상이다. 우리는 그런 존재이다. 우리는 틀린 점을 먼저 본다. 옳은 계산이 네 개나 되어도 그건 말할 가치가 없다. 협상을 할 때도, 토론을 할 때도 그렇다. 서로 비슷하게 생각하는 지점이 수없이 많아도, 대부분 논란이 되는 지점만 주목한다.

하지만 그렇게는 서로가 다른 편이라는 사실만 확인할 뿐이다. 대화를 시작하자마자 "No"라고 말할 거리부터 찾지 말고 먼저 "Yes"라고 말할 수 있는 지점을 찾아보자. 그렇게 부정의 필터를 긍정의 필터로 갈아 끼워 영향력 행사에 필요한 관계를 구축하자. 토론 내용이건 개인적인 부분이건, 차이는 함구하고 공통점은 부각하자.

다들 어떤 사람을 만났는데 순식간에 말이 잘 통한다는 느낌을 받아본 적이 있을 것이다. 상대가 같은 고향 사람이거나 학교 후배라는 사실을 알았기 때문이다. "아니, 이런 우연이 있나. 생물 선생님 잘 계시지?" 공통점을 찾았기에 바로 호감이 생긴다. 공통점은 끈을 묶고 차이는 끈을 끊는다. 그러나 우리는 종종 알면서도 정작 생활에선 늘 다르게 행동한다.

상대가 지난 주말에 스키장에 다녀왔다고 한다. 당신도 스키를 잘 탄다면 그 사실을 언급하자. 상대가 오는 길에 차가 막혀 죽는 줄 알았다고 하소연하거든 당신도 오늘 아침에 차가 막혀 지각할 뻔했던 경험담을 털어놓자. 억지로 없는 공통점을 쥐어짜라는 말이 아니다. 전형적인 부정 필터를 걷어내고 초점을 긍정적이고 공통된 쪽으로 돌리라는 말이다.

협상에서도 동의하는 지점을 먼저 찾아보자. 당신이 무슨 말을 하건 상대가 싸우려고만 들어서 도저히 긍정적인 점을 찾을 수 없다면 소통의 차원을 한 단계 높여보자. "참 힘든 상황입니다." "그렇죠. 이번 프로젝트가 영 까다롭습니다." "이 문제가 좀 협상하기 힘든 지점이죠." 설사 사장이 이성을 잃고서 "그 머저리 당장 잘라!"라고 고래고래 고함을 질러댄다 해도 당신은 침착하게 사장의 말을 긍정적으로 해석할 수 있다. "그렇네요. 장기적인 해결책이 필요하겠군요." 어찌 되었건 동의할 수 있을 지점을 찾아보자.

그 사람을 알아야
공통의 경험도 보인다

그러나 토론의 내용도, 개인적으로도 공통점이 없는 사람이

더 많아 보인다. 이럴 때는 전 미국 대통령 에이브러햄 링컨^{Abraham}

^{Lincoln}의 말에 귀 기울여보자. "나는 이 사람을 좋아하지 않습니다.

아마 먼저 그를 더 알아야 할 겁니다." 서로에 대해 아는 것이 없다

면 공통점을 찾을 수도 없다.

　　마음을 열어야 관계를 쌓고 공통점을 찾을 수 있다. 당신이 어떻게

해서 지금의 입장이 되었는지 알려주는 것도 마음을 여는 한 가지

특별한 방법이다. 어떤 경험과 고민이 지금의 생각을 낳았을까? 실

험을 해보니 사람들은 자신의 경험을 솔직하게 이야기한 사람의

입장을 훨씬 잘 수용하였다.[14] 상대의 동기와 생각을 알면 그에게

공감하게 된다. 다시 말해 일치하는 지점, 호감을 느끼는 지점을

찾아내고, 비슷한 사람이라는 느낌을 받게 된다. 마음을 열면 관계

가 끈끈해져 공통점이 보이고 이해의 문이 비로소 열린다.

　　드라마나 영화도 이런 방법을 이용해 관객의 마음을 사로잡는

다. 〈배트맨〉에 등장하는 조커는 잔혹하기 이를 데 없는 연쇄살인

마이다. 하지만 그의 슬픈 과거를 알게 되는 순간 관객은 갑자기

이런 생각을 하게 된다. '쯧쯧, 불쌍하기도 하지. 저러니 사람을 저

렇게 죽여대지.' 개인적인 정보를 알고 나면 그 사람의 행동에 공감

하게 된다(물론 이해한다고 해서 수긍한다는 말은 아니다).

　　대마초 합법화를 둘러싼 논의에서 한 참가자가 이런 말을 했

다. "대마초의 위험성을 저는 제 눈으로 직접 보았습니다. 언니가

대마초를 피웠거든요. 대마초를 시작하고부터 여러 정신적 문제가

생겼습니다. 1년 넘게 자기 세계에 갇혀 살았고 걸핏하면 집을 나 갔어요. 아무하고도 말을 안 했고요. 우울증이 심했습니다. 우리를 전부 적이라고 생각했어요. 언니를 봤기 때문에 저는 이 자리에 나 왔습니다. 대마초의 위험을 알려야 한다고 생각했거든요." 물론 이 말에 상대가 바로 동의한 것은 아니다. 하지만 상대는 훨씬 차분해 졌고 어떻게 해서 그 지경까지 갔는지 진심으로 궁금해했으며, 반 론에도 귀를 열었다.

Tech 7 긍정 필터

긍정적인 관계는 영향력을 키운다. 차이는 함구하고 공통점을 부각하라.

- "저도 같은 생각입니다."
- "_____를 좋아하시는군요. 저도 시간 있을 때 그걸 합니다."
- "솔직히 말하면 저도 그건 싫습니다."

논점이 아니어도 공통점을 찾기에 적당한 주제라면 적극 대화를 나누어 보자. 현재의 입장을 택하게 된 이유를 솔직히 털어놓자.

- "_____ 일이 있었습니다. 그래서 제가 그걸 그렇게 중요하게 생각 하는 겁니다."

상대의 이유도 물어보자. 작년에 상대가 이런저런 일로 무척 힘이 들었 다는 사실을 알고 나면 그를 보는 눈이 달라질 것이고, 그를 향한 분노 와 생각도 변할 것이다.

08

왜 "그러나"의 뒤보다
앞에 오는 말에 집중해야 할까?

: 대화의 주도권을 가져오는 '긍정 강화' 기술

당신은 헬스장 트레이너이다. 오늘은 1일 이용권으로 누구나 헬스
장을 시범 이용해볼 수 있는 날이다. 어떤 고객이 와서 이용해보더
니 이렇게 말한다. "트레이닝 방식은 아주 좋네요. 그런데 가격이
너무 비싸요. 또 제가 워낙 집순이라서 집에서 혼자 하는 편이 더
좋을 것 같아요. 차려입고 나오기도 보통 일이 아니라서요." 그럴
듯한 논리이다.

이럴 때 대부분은 헬스장의 장점을 강조할 것이다. "그렇지만
여기 오시면 최신 기계도 이용하실 수 있고 또⋯⋯" "그건 맞는데
요. 너무 비싸요." "가격은 상대적이죠. 어디랑 비교하셨어요? 러
닝머신만 뛰다 가는 그런 헬스클럽하고 비교하시면 안 되죠. 저희
는 개인 PT까지 제공하고 또 이용할 수 있는 기계도 엄청 많거든
요. 그렇게 치면 저희가 훨씬 싼 셈입니다." "그건 맞아요. 하지만

사실 저는 러닝머신이나 하는 수준이라서요. 다음에 필요하면 다시 올게요."

차이점에 초점을 맞춘 전형적인 "네, 그렇지만" 식 토론이다. 언어학자이자 협상 자문인 하르트비히 에케르트Hartwig Eckert 박사는 대부분의 설득이 차이에, "그러나" 다음에 오는 반론에 초점을 맞춘다고 지적한다.[15] 그렇게 하면 시선이 반론을 향할 뿐 아니라 반론을 계속 쫓아가야 하므로 상대에게 협상의 주도권을 넘기게 된다. 따라서 에케르트는 상대가 어떤 점에 이미 동의하였는지, 동의는 아니더라도 적어도 인정을 했는지에 관심을 기울여 이런 패턴을 부수라고 권한다. 상대가 동의한 부분을 반복하고, 심화 질문으로 그 점을 강조한다면 다시 주도권을 가져올 수 있다는 것이다.

긍정적인 말에 귀를 기울여보자. 우리의 부정 필터는 "그러나" 다음에 오는 반론에만 귀를 쫑긋 세운다. 하지만 인정과 동의는 "그러나" 앞에 올 때가 많다. 앞서 헬스장 고객도 "트레이닝 방식은 아주 좋네요"라고 입을 뗐다. 그렇다면 트레이너는 바로 그 말에 초점을 맞추어 심도 있는 질문으로 대화를 유리한 방향으로 이끌어갈 수 있다.

트레이너 "트레이닝 방식이 좋다고 하셨는데 어떤 부분이 마음에 드셨을까요?"

고객 "디지털 순환 트레이닝이 재미있었어요. 또 탈의실도 다른 곳보다 깨끗하고요. 그런데 좀 비싸서요."

트레이너 "그렇죠, 저희는 위생을 아주 중요하게 생각해서 기계도 매일 시간을 정해놓고 소독을 합니다. 사실 저희 기계들이 최신이잖아요. 그래서 아무래도 가격이 좀 있죠. 헬스장이 이랬으면 좋겠다 싶은 점이 있을까요?"

고객 "저는 청결이 중요하고요. 여기는 기계가 많아서 그런지 사람이 많은데도 회전이 빠르네요."

트레이너 "순환 트레이닝으로 빠르게 교체를 하니까요. 대기 시간이 아무리 길어도 1분을 안 넘깁니다."

이번에는 고객이 알아서 장점을 언급한다. 앞서 "네, 그렇지만" 식 대화에서는 반론에 초점을 맞추다 보니 장점이 전혀 거론되지 않았다. 그러나 이번에는 트레이너가 고객의 칭찬과 헬스장의 장점에 집중함으로써 꺼져가던 대화의 불씨를 다시 살려낸다. 너무 비싸다는 반론에 곧바로 반박하지 않아도 긍정 강화를 활성화하니 고객의 바람과 동기가 절로 커진다. 고객이 다시 한번 자기 눈으로 본 장점을 언급하기 때문이다. 근본적으로 자기 입에서 나온 논리는 타인의 입에서 나온 논리보다 힘이 세다. 말하면서 스스로를 설득하기 때문이다. 찬성의 논리를 더 많이 언급했을수록 자신의 바람과 확신이 실천되지 않았을 때 느끼는 불쾌감도 더 크다. 이런 생각과 행동의 모순을 인지 부조화라고 부른다.

긍정적인 면에 초점을 맞추면 돈을 더 쓰겠다는 마음도 커진다. 너그러워진 마음이 적극적으로 협상의 여지를 넓힌다. 이 긍정 강화 기술의 좋은 점은 상대가 원치 않는 일을 억지로 주절주절 강요하지 않아도 된다는 점이다. 그저 상대가 장점을 볼 수 있도록 시선을 최대한 열어주기만 하면 된다.

배우자와 여행 장소를 두고 다투는 중이라고 생각해보자. 로마로 가자는 당신의 제안을 아내가 거절한다. "이제 당신하고 로마는 절대 안 갈 거야. 벌써 5년째 로마만 갔잖아." 어떻게 로마로 가자고 아내를 설득할까? 아마 로마의 장점을 강조할 것이다. "갈 때마다 좋다고 했잖아. 볼거리도 많고 이벤트도 많고. 가서 실망할 위험도 적고. 얼마나 좋아? 날씨는 온화하고 사람들은 친절하고." "그야 그렇지만 새로운 데 가보고 싶어. 마요르카도 좋잖아. 지금 시즌에는 관광객도 적으니까 조용할 거고. 날씨도 좋고. 또 한 번도 안 가봤으니까 새롭고."

"마요르카? 너무 뻔하잖아. 할 일이 뭐가 있어? 먹고 자는 것밖에 없잖아." "왜 그렇게 생각해? 풍경도 얼마나 좋은데."

반론이 넘쳐나지만, 아내의 말에도 칭찬이 하나 들어있다. 바로 이 말이다. "벌써 5년째 로마만 갔잖아." 이 지점에 심화 질문을 던져 협상의 여지를 넓혀보자. "갈 때마다 참 좋았지, 그치?" 혹은 "당신이 나하고 5년 내리 로마로 간 이유가 뭐였어?" "이것저것 알아보고 신경 쓰기가 싫었던 거지. 잘 아는 동네니까 마음 편하고.

친구들도 있고."[16] 아내가 알아서 가장 중요한 논점을 다시 상기한다. 아내의 마음에 로마로 가고 싶은 불씨가 한 점이라도 남아 있었다면, 그런 자신의 말을 통해 화르르 불씨가 살아날 것이다.

도저히 진전의 희망이 안 보일 때

긍정 강화의 또 한 가지 예로 원래의 동기를 묻는 방법이 있다. 여기서 포기해야 하나 싶을 때, 누가 들어도 딱 자른 거절이다 싶을 때, 이 방법을 한번 써먹어보자.

당신이 면접을 보고 이런 대답을 들었다고 가정해보자. "아무래도 적임자는 아닌 것 같습니다. 안타깝지만 다음 기회에 다시 연락드리겠습니다."

다 끝났다. 이미 결정이 났다. 여기서 당신이 한 마디 더 곁들인다면, 아마도 거절의 이유를 물을 것이다. 그러나 그 질문은 상대에게 자기 결정의 이유를 다시 떠올리게 하므로 당신에게 전혀 유리하지 않다. "그건 정확히 말씀드릴 수 있습니다. 이유는 첫째…… 둘째…… 셋째……" 이제는 정말 돌이킬 기회가 없다.

하지만 다시 대화의 물꼬를 틀 방법이 하나 있다. 면접이건, 미팅이건, 술자리이건 당신이 초대를 받았다면 한 가지는 분명하다. 상대가 당신을 초대한 이유가 있다. 당신이든 당신이 파는 제품이든 무언가 좋게 보았다. 따라서 모든 면접에는 자신 있게 가도 된다. 적어도 몇 가지 지점은 당신 편이다. 그렇지 않다면 당신은 애당초 이 자리에 오지 못했을 테니 말이다. 거절을 당했다면 바로 그 점을 이용할 수 있다. 원래의 동기가 무엇이었는지 물어서 협상의 문을 다시 열어보자. 당신이나 당신의 제품에 관심을 가진 원래 이유가 무엇이었는지 물어보자.

앞의 면접이라면 이렇게 물어볼 수 있겠다. "한 가지 질문이 있습니다. 제게 면접의 기회를 주신 이유가 무엇이었을까요?" "X, Y, Z 분야에서 경험이 있으시니까 우리 회사에서도 부족한 점을 보완해주실 수 있지 않나 생각했습니다만……" 초점이 이동하였다. 당신이 자신의 가치를 굳이 떠벌리지 않아도 상대는 다시 당신에게 유리한 지점으로 관심을 돌렸다. 당신을 그 자리에 초대한 이유를 제일 잘 아는 사람도 사실 인사부장이다. 물론 이 질문으로 당신이 다시 합격할 수 있다는 말은 아니다. 하지만 다시 한번 무대로 오를 수는 있다.

꼭 사무실이 아니어도 괜찮다. 당신이 집을 내놓았는데 누가 구경을 하러 왔다. "잘 봤습니다. 그런데 아쉽게도 발코니가 없네요. 당연히 있는 줄 알았는데." 여기서도 긍정적인 말은 없다. 하지만 발코니가 없어도 그 사람은 당신의 집을 보러 왔다. 부동산에서 설명을 듣고 마음이 동했다는 소리이다. 이렇게 물어보자. "부동산에서 무슨 말을 듣고 우리 집에 오셨을까요?"

혹은 고객이 갑자기 변심해서 이렇게 말한다. "생각해보니 냉장고가 너무 커요. 작은 거로 할래요." 여기서 큰 것을 포기한 이유를 물으면 바뀐 결정을 심화하는 결과가 나온다. "자리를 너무 많이 차지해요. 또 가격이 우리 예산을 초과해요." 초점을 큰 냉장고의 긍정적 측면으로 향하자. "처음에 큰 냉장고를 고른 이유가 있었을 텐데요?" "손님을 많이 치르는 집이라서요. 지금 건 냉동실이 너무 작았어요. 야채칸도 작아서 채소를 조금만 사도 금방 넘치고 해서요."

분명히 거절했는데 정신을 차려보니 어느덧 상대의 논리에 넘어간 경험이 있다면, 아마 상대는 이 기술로 당신의 마음을 돌렸을 것이다.

Tech 8 긍정 강화

반론에 대응하는 전형적인 대화 패턴을 버리고 긍정 필터를 이용해서 칭찬에 주목하자. 협상의 여지를 파악하여 넓힐 수 있다.

• "_____가 관심이 간다고 말씀하셨는데, 어떤 부분이 그럴까요?"

혹은 원래의 이유를 물어보자.

• "원래 생각하셨던 이유가 무엇일까요?"

생각이 확고한 사람을
설득해야 할 때 할 말
: "사실 저도 그렇게 생각했는데요……."

인간은 자기 생각을 지키려는 마음이 크다. 어제도 오늘도 한결같은 마음으로 똑같은 말을 하고 싶어 한다. 어제 침 튀기며 열변해 놓고 오늘 갑자기 마음을 바꾼다면 사람들이 뭐라고 생각하겠는가? 이렇듯 우리는 일관성을 추구한다. 그래서 상대가 당신의 설득에 넘어가 마음을 바꿀 때도 상대의 체면을 배려해야 한다. 그의 주장이 옳지만 피할 수 없는 이유가 있기에 어쩔 수 없이 마음을 바꾼다는 기분이 들게 해야 한다.

지금껏 당신도 상대와 같은 생각이었지만 새로운 정보를 알게 되면서 생각을 바꾸었다고 강조하는 식으로 '황금 다리'를 놓아보자. 당신이 듣거나 읽은 최신 연구 결과나 지식을 내세운다.[17] 가령 이런 식이다. "저도 그렇게 생각했습니다. 그런데 최근에 제가 이런 글을 읽었습니다……."

새로운 정보를 같은 눈높이에서 공유하면 받아들이기가 쉽다. "나도 몰랐거든요." "저도 그렇게 생각했는데 최신 연구 결과를 읽고는 생각이 달라졌어요." 이렇게 말하면 새로운 정보가 일관성을 지키려는 노력을 반하지 않는다. 생각을 바꾸기에 가장 좋은 변명거리를 제공했기 때문이다. 새로운 정보를 알았으니 당연히 모든 것이 달라져야 한다.

아이가 학교에서 가만히 있지를 못하는데도 엄마는 ADHD 검사를 거부한다. 자기 아이는 그럴 리 없다고 생각하기 때문이다. 담임 선생님이 아무리 설득해도 소용이 없다. 그러던 어느 날 같은 반 친구 엄마에게 이런 말을 듣고 정신이 번쩍 들었다. "우리 애도 그랬어요. 처음엔 저도 '병'이 아니라고 우겼죠. 우리 세대가 다 그렇잖아요. 요즘 사람들은 걸핏하면 정신병 취급을 한다고 생각했어요. 남자애들이 짓궂어도 크면 점잖아지니까 부모가 단속만 잘하면 괜찮아질 거라고 믿었어요. 그러다가 2년 전에 마음을 바꾸었는데, ADHD가 정신 문제가 아니라 뇌에 도파민이 부족해서 그렇다는 기사를 읽었거든요. 그건 부모가 교육한다고 해결될 문제가 아니고 어서 치료를 받아야 한다고 하더라고요. 우리 아이는 약 먹고 많이 좋아졌어요."

가격 협상을 할 때도 이런 반론은 상대의 불쾌감을 덜어준다. "지금까지는 저희도 그 가격을 받아들였습니다만, 오늘 정부에서 원자재 가격을 대폭 하락했다고 발표했습니다. 그러니 가격을 좀 내려도 무방하지 않을까 합니다."

상대의 마음을 바꾸고 싶을 때는 고민해보자. 상대의 입장 전환을 정당화할 새로운 연구 결과나 정보가 무엇일까? 우선 상대가 지금까지 고수했던 입장에 이해를 표한 후, 그 정보를 설명하고 당신의 논리를 들이밀자.

Tech 9　새로운 정보의 황금 다리

당신도 상대와 같은 생각이었다는 점을 확실히 밝힌 후, 모든 것을 바꾸어놓은 새로운 정보를 접했다고 말한다. 그 정보가 다른 입장으로 건너갈 황금 다리가 되어줄 것이다.

1. 이해
- "저도 그랬습니다."
- "그게 학계의 지론이었지요."

2. 새 정보
- "그런데 제가 이런 말을 들었습니다."
- "최근에 이런 연구 결과가 발표되었더라고요."

"바로 그렇기 때문에"의 마법
: 반론은 잘 활용하면 나에게 유리하다

얼마 전 스타트업을 창업한 새내기 여성 대표가 상처가 빨리 아무는 특수 반창고를 개발하여 신제품 투자자를 찾고 있다. 제품 개발이 끝났으니 상용화가 시급했다. 투자자 미팅에서 그녀는 타사 제품보다 뛰어난 자사 제품의 특수 잉여 가치를 설득력 있게 설명하였다. 그런데도 투자자들의 반응은 시큰둥했다. 그중 한 사람은 아예 대놓고 딴지를 걸었다. "뭐가 좋은지는 알겠어요. 제품은 참 좋아요. 그런데 반창고는 의약품이에요. 다시 말하면 특수 허가가 필요하단 말이죠. 그 허가를 받기가 너무 복잡하고 까다롭지 않을까요? 시간도 오래 걸릴 테고요."

이때 대표는 아주 솔직하게 고백할 수도 있다. "그렇습니다. 의약품이라 허가받기가 까다로웠고 시간도 오래 걸렸습니다. 솔직히 한 분야는 아직 허가가 떨어지지 않은 상태이고요." 하지만 그렇게 말하면 초점이 문제로 쏠린다. 그래서 그녀는 다른 표현을 골랐다. 상대의 반론을 적극적으로 활용하여 유리한 고지를 점한 것이다. "맞습니다. 복잡하고 까다롭습니다. 하지만 바로 그렇기 때문에 경쟁력이 있는 겁니다. 대부분의 허가가 이미 떨어졌으니 경쟁사에 비해 훨씬 앞서 있지요." 그 말을 듣자 망설이던 투자자들의 눈에 관심의 빛이 돌아온다.

이 기술은 아주 간단하다. 반론에다 "바로 그렇기 때문에"만 붙이면 된다. "(반론) 바로 그 때문에 우리가 유리합니다."

이런 식으로 반론을 당신 편으로 끌어들일 수 있다. 이 기술은 상대를 설득하기에도 좋지만 자기 확신을 다지는 데에도 유익하다. 상대의 반론을 듣고 속으로 '하긴 맞는 말이기는 하지'라며 주눅 들기 전에 "바로 그렇기 때문에"라고 받아치고 연이어 자신의 주장을 펼칠 수 있다.

"바로 그렇기 때문에"로
인신공격에 대처한다

나는 젊은 시절 대학을 마치지 않은 채로 바로 커뮤니케이션 강사 일을 시작했다. 게다가 여자이고 금발이며, 그것 말고도 소통 강사로 일하는 데 불리한 조건이 여럿 더 있었다. "아니 높으신 분들 계시는 자리에 당신 같은 사람이 무슨 할 말이 있겠어? 보아하니 경험도 없을 것 같은데. 너무 어리잖아." 이런 말을 한두 번 들은 것이 아니다. 그럴 때마다 '바로 그렇기 때문에' 기술은 그들의 격한 저항감에 푹 구멍을 뚫어서 불신의 바람을 빼주었다. "저는 젊은 만큼 최신 기술과 연구를 잘 압니다. 먹히지도 않는 20세기 낡은 기술 대신 참신하고 효과 뛰어난 기술을 누구보다 잘 전달할 자신이 있습니다." 사실 누가 먼저 비판하지 않았어도, 이 기술은 미리 선수를 쳐서 있을지 모를 반론을 자신에게 유리하도록 바꾸기도 한다. 또 자신의 강점을 되새기고 명심하도록 도와주는 역할도 톡톡히 한다.

병원에서 인턴들이 경험이 없다는 이유로 환자들에게 능력을 의심받을 때도 이 기술은 아주 유용하다. 가령 겁에 질려 인턴의 처치를 의심하는 환자가 이렇게 묻는다. "의사 맞으세요? 너무 젊어 보여서요." 어떻게 대답하겠는가? "복 받으신 거예요. 저는 이런 처치를 매일 하거든요. 과장님은 못 하세요. 이런 거 하신 지 너무 오래되셨거든요."

가치관이 대립하는 민감한 토론 자리에서도 '바로 그렇기 때문에' 기술은 아주 유용할 수 있다. 2022년 오스카 시상식에서 윌 스미스가 아내를 모욕한 사회자 크리스 록에게 주먹을 날렸다. 그러고 나서 다시 자리로 돌아와 크게 소리 질렀다. "내 아내 이름 입에 올리지 마!Keep my wife's name out of your f***ing mouth!" 그날 그 자리에 참석한 모든 사람이 큰 충격을 받았다. 그러나 사정을 알고 나자 많은 이가 그에게 지지를 보냈다. 크리스 록이 맞을 짓을 했다는 반응이었다. 한편에서는 상대의 공격에는 그렇게 민감하게 구는 사람이 상대에게는 민감하지 못한 방법을 사용했다고 비난했다. 이때 협력하는 '바로 그렇기 때문에' 기술은 대립하는 듯 보이는 양쪽의 입장 뒤편에 숨은 공동의 가치관을 강조한다. "나는 (크리스 록처럼) 인정머리 없는 행동을 거부한다. 바로 그렇기 때문에 나는 폭력을 행사하는 똑같은 방법으로 되갚아주지는 않겠다. 똑같이 갚으면 상대도 똑같이 행동할 테고 결국 악순환의 고리가 끊어지지 않을 테니 말이다."

'바로 그렇기 때문에' 기술은 당신이 상대와 같은 목표를 추구하며 같은 가치관을 공유한다는 사실을 넌지시 암시한다. 또 상대의 가치관에 바탕을 두기에 당신의 논리에 더욱 무게가 실린다.

Tech 10 **'바로 그렇기 때문에' 기술**

반론을 당신에게 유리하게 활용한다.

1. 반론을 확인한다.
2. 반론 뒤에 "바로 그렇기 때문에"를 넣은 후 당신의 논리를 펼친다.

- "바로 그 때문에 저는 _____하는 것이 좋다고 생각합니다."
- "바로 그 이유로 _____하는 편이 유리합니다."

기대를 저버리기 싫어하는 심리를 이용하는 법

: 원하는 것을 얻어내는 '얼터캐스팅' 기술

한밤중에 호텔 프런트에서 카드키를 달라고 애걸복걸해 본 적이 있는가? 신분증도 없는 데다 엎친 데 덮친 격으로 호텔 컴퓨터에 당신의 이름이 뜨지 않는다. 프런트 직원은 당신이 호텔을 착각했다고 굳게 믿고 당신 말을 더 들으려고도 하지 않는다. 실제로 나의 남동생이 그런 일을 당했다. 직원은 예비키를 내주려고 하지 않았다. 내가 대화의 방식을 살짝 바꾸어 그의 마음을 돌리기 전까지는……

작년 크리스마스에 온 식구가 모여 함께 파티장에 갔다. 호텔도 한 곳으로 정해 방을 여러 개 예약했다. 몸이 피곤해서 조금 일찍 호텔로 건너온 나는 이미 한잠이 든 상태였다. 남동생이 전화를 걸어 흥분한 목소리로 외쳤다. "누나, 내 방 카드키 있어? 아무리 찾아도 없어." "아니, 네 카드를 내가 왜 가지고 있어? 그냥 프런트에 가서 하나 달라고 해. 직원 있지?" "응, 근데 내 말을 안 믿어. 내가 여기 손님이 아니래." 동생이 프런트에 예비 카드키를 달라고 했다가 방 번호를 묻는 직원의 질문에 제대로 대답을 못 했다. 자기 방 번호를 몰랐던 것이다. 직원이 숙박자 명단을 뒤졌는데, 이상하게 그곳에도 동생의 이름이 없었다. 직원은 옆 호텔을 가리키며 말했다. "명단에 없는 걸 보니 아무래도 착각하신 것 같습니다. 그런 분들이 많거든요."

"내가 우리 식구들이 다 여기 있다고 해도 안 믿어. 오늘 방에 들어가기 그른 것 같아서 옆 호텔에 빈방 있나 알아보러 가려고." "내가 내려갈게. 누나가 여기 있는 걸 보면 믿겠지." 나는 날 보면 당연히 직원이 마음을 바꿀 줄 알았다. 대체 얼마나 퍼마셨기에 직원이 말을 안 믿어. 속으로 이렇게 생각하며 자리에서 일어났다.

그리하여 나는 순록이 그려진 크리스마스 잠옷을 입은 채로 로비로 내려갔다. 직원이 놀란 표정으로 나를 보며 무슨 일이냐고 물었다. "아, 아까 그 키 달라던 남자 분이요……." "아, 누님이시군요. 그럼 제가 다시 한번 명단을 찾아보겠습니다." 이렇게 문제는 해결될 줄 알았다. 착각이었다. 그가 동생의 방 번호를 물었을 때 나도 긴가민가하며 더듬거렸다. 그가 곤란한 표정으로 나를 쳐다보았다. "방 번호를 모르시면 저도 도와드릴 수가 없습니다." 보아하니 오늘 진상 손님이 많았던 모양이다.

그래도 방법은 많았다. 내가 방 번호 두 개를 두고 헷갈렸으니 그 두 방에 들어가서 동생의 신분증을 확인하자고 설득할 수도 있었다. 아니면 좀 진상을 부려서 내일 불친절 직원으로 신고하겠다고 협박할 수도 있었다. 그러나 나는 다른 방법을 택했다. 이름하여 얼터캐스팅altercasting이다. [18]

이 기술은 도덕적으로 논란이 많다. 한마디로 정리하면, 상대방alter에게 내가 원하는 사회적 역할을 부여casting하는 방법이다. 가령 이런 식이다.

- "평소에 비판적이고 공정한 교사로 소문이 자자하시던데 이번 경제 수업에서 자본주의의 단점에 대해서도 언급을 하시겠죠?"
- "자녀의 경제 관념을 키워주고 싶은 어머님들께는 이 프로그램이 딱입니다."
- "객관적인 사실만 보는 학자 타입이라고 들었습니다. 그런 만큼 지난주에 발표된 이 수치도 당연히 감안해주시리라 믿습니다."
- "직원들을 아끼는 대표님이라는 말이 많이 들리던데, 이번 복지 프로그램도 진행하시겠지요."

이 기술은 칭찬에 이어지는 요구를 따르지 않는다면 자신의 긍정적 역할과 자아상을 잃을지도 모른다는 불안을 이용한다. 이 기술의 효과를 입증하는 과학적인 자료는 없지만, 판매에서는 성공적일 때가 많다.

심지어 산전수전 다 겪은 미국 외교관 헨리 키신저Henry Kissinger 마저도 이 기술에 걸려든 적이 있다. 이집트 대통령 안와르 사다트 Muhammad Anwar el-Sadat와 협상을 할 때였다. 협상 직전 사다트는 키신 저와 그 수행원들이 공정하고 신속한 결정으로 이름이 높다며 아 부했다. 그러자 협상 내내 그들은 그 명성에 부합하고자 무슨 제안 이건 제대로 검토도 하지 않고 서둘러 통과시켰다.[19]

나는 프런트 직원에게 이 기술을 사용했다. 여전히 잠옷을 입 은 채로 남동생에게 전화를 걸어 직원에게 다 들리게끔 큰 소리로 말했다. "여기서 다 알아서 해주신단다. 우리 같은 손님이 한둘이 겠어? 어서 이리로 와. 저분이 한두 해 근무하신 것도 아닐 텐데 호 텔 컴퓨터 좀 이상하다고 손님을 내쫓기야 하겠어?"

프런트 직원이 내게 손짓하더니 눈을 찡긋하며 속삭였다. "알 아들었으니 오시라고 하세요." 내가 동생에게 계속 오라고 재촉하 는 동안 그는 다다닥 컴퓨터 자판을 두드렸다. 역시나 동생의 이름 은 없었다. 우리 가족 이름이 하나도 없었다. 아마 체크인을 할 때 누가 실수한 듯했다. 하지만 이번에는 버티지 않고 예비 카드를 내 주었다. 원하는 방향을 내포한 칭찬이 실제로 먹힌 것이다. 게다 가 우리는 이제 한편이었다. 컴퓨터를 제대로 관리하지 않은 나쁜 호텔과 곤란에 빠진 투숙객을 구해준 착한 호텔 직원. 정말 그렇게 간단할 수 있을까 싶지만 실제로 그랬다.

하지만 이 기술은 단점도 있으니 주의해야 한다. 첫째, 당신이

들이민 이미지가 상대가 원치 않는 이미지일 수 있다. 상대를 '학자 타입'이나 '구원자'라고 추켜세웠다가 오히려 역풍을 맞을 수도 있다. 둘째, 이 기술을 전략으로만 사용할 경우 상대가 당신의 속내를 훤히 들여다볼 수 있다. "자네 엑셀 전문가라며? 그럼 이 업무는 식은 죽 먹기겠네." 이 칭찬의 속내를 모를 사람이 어디 있겠는가? 따라서 이 기술을 긍정적으로 변형시켜 상대를 진심으로 칭찬하고 상대에게서 좋은 점을 보려는 노력이 필요하다.

내가 직접 실험을 해보았다. 호텔에서 성공을 거둔 후 이 기술이 다른 곳에서도 통할까 궁금했던 나는 이 기술을 긍정적인 형태로 바꾸어 병원에서 써먹어보았다. 그 정형외과는 의사가 여러 명이지만 누구를 선택하건, 어떤 병이건 처방이 똑같기로 유명했다. "소염진통제 드릴 테니 좀 두고 봅시다." 정밀 검사를 요구해도 좀처럼 받아들이지 않았다. 그래서 나는 진료실에 들어가자마자 일단 칭찬부터 퍼부었다. "선생님께서 정형외과 쪽에서는 최고 실력자라고 정평이 나 있어서요. 제가 수소문 끝에 선생님께 예약을 했습니다. 다른 정형외과에서 소염진통제를 받아서 먹었는데 도무지 낫지를 않아서요. 선생님은 확실히 고쳐주실 것이라 믿습니다." 물론 그 말은 진심이었다. 전략적으로 꾸며낸 억지 칭찬이 아니었다. 의사는 그날 꼼꼼히 내 팔의 아픈 부위를 살피고 짚어보았으며 초음파 검사를 한 후 특수 치료 처방을 내려주었다.

긍정적 형태로 바꾼 이 기술은 일상에서도 사용할 수 있다. 가령 당신이 디자인부의 시안에 이런저런 지적을 해야 하는데 담당자의 자존심을 건드리고 싶지 않다. "예술 하시는 분들은 솔직한 지적을 좋아하시더라고요. 저도 최대한 솔직하게 말씀드리겠습니다." 상대를 예술가로 치켜세워 당신의 '솔직한 지적'을 당연하게 만드는 기술이다.

미팅에서 상대가 쓸데없이 고집을 피울까 봐 걱정된다면 이렇게 말해보자. "프로젝트의 원활한 진행을 바라시는 분들은 상대 의견도 소탈하게 받아들이시더라고요. 이번에 제가 그런 분을 만난 것 같아 정말 영광입니다."

Tech 11 얼터캐스팅

당신이 바라는 이미지나 행동에 부합하는 사회적 역할을 상대에게 부여한다.

직접적인 방법
• "워낙 공정하고 비판적이고 정확하신 분이라고 소문이 나 있으니 저도 이 말씀을 드리고 싶습니다."

간접적인 방법
• "능력 있고 경험 많은 분들은 (당신이 바라는 행동)을 하신다니……"

※ 주의사항
얼터캐스팅이 전략적 아부로 변질하는 순간 효력을 잃는 것은 물론이고 우리가 지금 배우고자 하는 협력 기술도 될 수 없다.

인간은 누구나 모순을 피하려는 심리가 있다
: 주장과 행동 사이의 모순을 공략하라

영국 TV 방송 채널4Channel4 뉴스[20]에 출연한 임상심리학자 조던 피터슨Jordan Peterson은 앵커 캐시 뉴먼Cathy Newman의 부당한 대접에도 인터뷰를 멋지게 이끌었다. 인터뷰 영상은 급속도로 퍼져 나갔고 여론이 들끓었다. 물론 여성 앵커 쪽에 불리한 여론이었다.[21]

무슨 일이 있었던 걸까? 캐시 뉴먼은 조던 피터슨의 말에 연신 의문을 제기했다. 30분 내내 계속 말을 잘랐고 그의 말을 왜곡했다. 피터슨은 여러 차례 그녀의 말을 바로잡았다. "아니, 난 그렇게 말하지 않았어요. 내 말은……"

인터뷰의 쟁점은 '표현의 자유'였다. 특히 트랜스젠더의 감정을 배려해야 할지, 한다면 어떻게 할지를 두고 토론이 이어졌다. 뉴먼은 피터슨이 늘 표현의 자유를 옹호하고 모두가 무슨 말이건 해도 좋다고 주장함으로써 다른 사람을 차별한다고 비난했다. "왜 표현의 자유가 트랜스젠더의 권리보다 앞서야 하나요?" 바로 이 지점에서 피터슨은 인터뷰의 방향을 바꾸어 여성 앵커가 자기 행동을 되돌아보게끔 했다. "사고를 확장하려면 누군가의 기분을 상하게 할 위험을 감수해야 하는 법이니까요. 지금 우리 대화가 좋은 사례지요. 당신은 진실에 다가가려고 제게 지나치게 거리낌 없이 다가오고 있습니다. 당신의 행동으로 나는 공격당한 기분이 드는데도 당신이 그래야만 하는 이유는 무엇입니까?" 이어 그는 보다 직접적으로 말했다. "당신은 당신이 해야 할 일을 하고 있어요. 불쾌한 질문을 던져서라도 대답을 들으려 하죠. 그것도 당신의 일이에요. 제게 상처 줄 위험을 감수하면서까지 표현의 자유를 실천하려고 하는 거요. 거기까지는 좋아요. 하지만 강요하지는 마세요." 그의 말은 분명한 뜻을 담고 있었다. "당신은 인터뷰에서 내가 옹호하는 바로 그 행동을 하고 있다!"

앵커는 불안한 표정으로 말을 더듬었다. "좋아요, 그러니까 그 뜻은 아니라는…… 그리고……" 그녀는 입을 다물고 숨을 허덕이다가 다시 말을 시작했지만, 더 이어가지 못했다. "다른 식으로 물어보겠습니다. 제 말은……" 그녀는 숨을 쉰 후 말했다. "당신이 이겼어요."

여성 앵커가 말문이 막힌 이유는 피터슨이 한 가지 사실을 가르쳐주었기 때문이다. 그녀가 스스로의 가치관에 어긋난 행동을 하고 있다는 사실, 그녀가 주장하던 배려하는 태도에 어긋나게 행동한다는 사실을 말이다. 그녀는 피터슨이 주장하는 내용에는 동의하지 않았지만, 행동으로 동의하였다. 상대의 기분을 배려하지 않은 채 표현의 자유를 한껏 누린 것이다. 피터슨은 그녀의 생각과 행동의 차이를 까발렸다.

생각과 행동에 일관성이 없는 상황을 모든 사람이 극도로 불쾌하게 느낀다. 인간은 일관성을 좋아한다. 우리는 어제도 오늘도 입장이 변치 않기를 바라고, 자신과 타인에게 요구하는 가치관에 맞게 살고 싶어 한다.

인간이라면 모두
일관성을 추구한다

인간은 기본적으로 행동과 확신의 조화를 추구한다. 특정 주제에 대해 어떤 생각이나 확신이 있으면 행동도 그래야 한다.

그 둘이 완벽하게 일치하는 경우가 가장 바람직하다. 가령 흡연이 건강에 좋지 않다고 생각하여 담배를 피우지 않는다. 하지만 담배가 해로운 줄 알면서도 금연하지 못한다면? 인지 부조화가 발생한다. 일관성이란 모순이 없다는 뜻이며, 반대로 인지 부조화란 여러 생각과 입장, 의도의 모순을 말한다.[22] 이것들이 서로 일치하지 않거나 행동과 생각이 어긋나서 불쾌감을 느끼는 현상이다.

따라서 둘 중 하나를 맞추어야 한다. 담배를 끊거나 (금연이 너

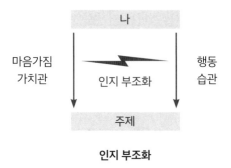

인지 부조화

무 힘들다면) 마음가짐을 바꾸어 다른 소리를 한다. '담배가 뭐 그리 나빠.' '언제 차에 치여 죽을지 모르는 세상인데 담배를 끊어 뭐해?' 일을 할 때도 마찬가지이다. 내일 고객 미팅을 앞두고 준비를 해야 하는데, 엄두가 안 난다. 그래서 마음가짐을 바꾼다. '어차피 해봐야 현장 상황에 따라 달라지는데 뭐. 대충 하는 게 더 나을 때도 많아.' 이런 자기변명을 '허락하는 생각erlaubnisgebende Gedanken'이라고도 부른다. 그러면 일관성 없는 자기 행동을 참기가 쉬워진다. 우리는 행동을 생각에 맞추려고 노력한다. 행동이 자석처럼 생각을 따라다니고, 생각 역시 자석처럼 행동을 따라다닌다.

바로 이 사실을 토론과 협상에서도 이용할 수 있다. 보통 우리는 자기 입장을 무기 삼아 상대의 입장은 물론이고 상대의 행동과도 경쟁해야 한다. 고단하고 힘든 일이다. 하지만 상대의 행동이 생각과 일치하지 않으면 일이 훨씬 수월해진다. 상대의 행동과 생각이 일치하지 않는다는 것은 곧 둘 중 하나가 우리의 입장과 같다는 뜻이기 때문이다. "당신은 이러저러하게 행동하고 말한다. 바로 내가 주장하는 바처럼." 바로 이런 공통점의 강조가 일관성 논리이다.

조던 피터슨이 선택한 방법이 바로 이것이다. 그는 여성 앵커가 그의 주장을 행동으로 옮기고 있다는 점을 지적하였다. 따라서 그녀는 누구에게도 상처를 주지 않고서 자기 행동을 정당화하기란 불가능하다는 사실을 인정할 수밖에 없었다. 부조화를 지적하고 당신과 상대 입장의 공통점을 강조한다면 상대는 스스로 자신의 잘못을 깨닫는다.

일관성 논리는 '수위를 조금 낮추어' 일상에서도 유익하게 써먹을 수 있다. 가령 직원 자기계발비를 약속한 사장님이 지급을 자꾸 미룰 때 사장님에게 그 사실을 상기시켜준다. 전자제품 가격이 생각보다 비싸다면 세상 어디에도 없는 가격을 강조했던 기업의 1면 광고를 들먹인다. 호텔에서 이른 아침에 소음 때문에 깼다면 최고의 휴식을 보장했던 호텔 홈페이지의 약속을 상기시킨다.

Tech 12 일관성 논리

상대방의 생각과 행동 사이의 모순을 파악한다. 그 점을 지적하되 비난해서는 안 된다. 당신의 생각과 일치하는 지점을 강조한다.

1. 상대방의 행동과 생각 사이의 모순을 파악한다.
2. 불난 집에 기름을 부어서는 안 된다. 상대의 행동이나 생각에서 당신과 일치하는 지점을 찾아 당신의 논리로 이용한다.

• "제가 제대로 파악했다면 _____를 바라시는 것 같습니다. 저의 제안도 바로 그것입니다." "이런저런 점을 중요하게 생각하시는군요. 저도 마찬가지입니다. 그래서 이런 제안을 한 것이고요."
• "_____한 행동을 하셨습니다. 제가 주장하는 것도 바로 그것입니다." "당신이 한 행동이 바로 제가 지지하는 부분입니다."

대화를 방해하는 감정을 다스려라

: '편도체 하이재킹'에서 벗어나기

생각과 감정은 행동과 신체 언어, 목소리에 영향을 미친다. 상대를 멍청하다고 생각하면 당신의 신체 언어와 목소리에도 그 생각이 실린다. 아무리 훈련을 해서 안 그런 척 숨기려고 해도 소용없다. 무슨 말을 해야 할지 모르겠다면 그 불안한 마음이 그대로 표출된다. 따라서 감정을 조절할 줄 알아야 한다.

관심 있는 주제를 두고 토론하다 보면 흥분하기 쉽다. 심장박동이 빨라지고 목소리가 떨리며 논리가 떠오르지 않아 화가 난다. 토론이 끝난 후에는 불안하게 반응했던 자신이 화나고 후회된다.

지나친 감정은 신뢰성에 타격을 입힌다. 유명한 신경학자가 있었다. 평소 그는 TV, 스마트폰, 태블릿 같은 미디어가 어린아이에게 미치는 악영향을 알리기 위해 노력했다. 그런데 한 토크쇼에서 부모들이 아이들에게 스마트폰을 쥐여주어 두뇌발달을 막는다며 비난하다가 어찌나 화가 났던지 하마터면 의자에서 떨어질 뻔했다. 그와 생각이 같은 사람이라면 길길이 날뛰는 그를 보며 확실해서 좋다고 생각했을 수도 있다. 하지만 그렇지 않은 사람들 눈에는 전문성이 떨어져 보였을 것이다. 흔히 우리는 화를 잘 내는 사람은 개인적으로 문제가 있고 합리적이지 못하다고 생각한다. 감정을 가라앉히고 차분하게 말하면 내용은 비슷하더라도 더 전문적이고 합리적으로 보인다.

화난 협상가는 나쁜 협상가

특히 화는 신뢰성을 떨어뜨릴 뿐만 아니라 더 나쁜 결과들을 초래한다. 하버드대학 교수였던 키스 올레드Keith Allred는 '화난 협상가angry negotiator' 실험을 통해 화가 갈등을 키우고 편을 나누며, 양쪽 모두 더 나쁜 결과를 거둘 확률을 높인다는 결과를 발표하였다.[23] 이유는 두 가지이다. 첫째, 화가 인지를 왜곡하므로, 평소 같으면 절대 우기지 않았을 입장을 고집하게 된다. 둘째, 화를 내고 나면 양심의 가책이 밀려오기 때문에 조금 전의 과도한 행동을 무마하겠다며 더 많은 것을 양보하게 된다.[24] 이때 돈이나 시간뿐 아니라 개인적인 이해관계나 확신이 걸린 경우라면 부정적인 결과가 극심하다.[25]

물론 아주 특별한 경우에는 화가 도움이 되기도 한다. 두 번 다시 볼 사이가 아니어서 상대에게 스트레스를 주어도 무방하다면 화를 내어도 좋다. 협상이 깨질까 봐 겁이 나서 상대가 더 많은 것을 양보할 수도 있으니 말이다.[26]

하지만 상대에게 존중받고 싶다면, 오래오래 좋은 관계를 유지하고 싶다면 뾰족한 말과 거친 행동은 절대 안 된다. 수많은 부부를 대상으로 11년간 연구를 해본 결과 싸울 때 감정을 내세우며 화를 잘 내는 부부의 이혼율이 더 높았다.[27] 따라서 언쟁이 싸움으로 비약하지 않도록 조심하고, 그럴 기미가 보이면 얼른 방향을 바꾸어 감정을 다스려야 한다. 화만 그런 것이 아니다. 상황이나 주제, 개인에 따라서는 불안이나 실망 같은 감정들도 문제를 일으킬 수 있다.

스트레스는 논리적 사고를 저해한다

인신공격을 당했다고 느끼거나 실제로 인신공격을 당하면 두뇌에선 생명이 위태로운 상황에 처했을 때와 같은 반응이 일어난다.[28] 우리는 자신과 자신의 자아상을 보호하기 위해 사력을 다한다. 하지만 진짜 위험이 아니다. 그저 몇 마디 말이었을 뿐, 생명이 위태로운 상황이 아니다. 그런데도 우리의 불안 센터 '편도체'가 납치를 당한다. 이를 '편도체 하이재킹Amygdala Hijacking'이라 부른다.[29] 편도체는 대뇌변연계에 있는 아몬드 모양의 뇌 부위로, 위험 여부를 번개처럼 빠르게 평가하여, 실제로 '위험'이라 판단하면 우리 행동의 통제권을 거머쥔다. 고민하기보다 반사적으로 반응하는 이 뇌 부위가 어떤 스트레스 호르몬을 얼마나 분비할지를 결정한다. 편도체는 강한 정서적 반응을 불러일으킬 뿐 아니라, 평소 같으면 보이지 않았을 행동도 허락한다. 스트레스에 따른 우리의 반응은 총 네 가지이다.

투쟁Fight | 공격, 날카로운 소리, 가혹한 전략에 대항하는 '전투 반응'이다. 더는 다정한 말로 자기변호를 할 수 없다. "어이, 친구! 그렇게는 안 되지. 나 혼자 당할 수는 없지." 이런 생각에 따라 반응하게 된다.

회피Flight | 논쟁에서 한발 물러서거나 심지어 접촉을 피하는 '도주 반응'이다. "그렇게 화를 낸다면 나는 입을 다물 거야." 이런 생각에 따라 직접 맞서기보다 자기 혼자 삭히거나 아무런 상관없는 제3자에게 속내를 털어놓는다.

경직Freeze | 위험하다고 판단한 상대의 눈에 띄지 않기 위해 아무 반응도 하지 않는 '가사假死 반응'이다. "뜻대로 하세요. 방해하지 않을 테니." 이런 생각으로 체념한 채 가만히 있는다.

아부Fawn | 아부하는 '굽실 반응'이다. 항복하는 것으로 모자라 상대의 화를 피하려고 아부한다. 전형적인 '비위 맞추기people pleasing' 양상으로 상대에게 다 맞춰주려 한다. "당신 마음에 들고 싶으니 무조건 당신 편을 들 거야." 이런 반응을 밤비 반사Bambi Reflex라고도 부른다.

특히 마지막 반응이 널리 사용된다. 속으로는 동의하지도 않으면서 고개를 끄덕이고 미소 짓는 자신의 모습을 발견하거든, 그것은 당신이 지금 아부하고 있다는 징조이다.

이 네 반응 모두 자신의 입장을 당당하고도 다정하게 밝힐 수 없게 만든다. 스트레스는 논리적 사고를 억제하기에 우리를 둔하게 만든다. 논쟁이 다 끝나고 난 후에야 멋진 아이디어가 떠오르기에 후회와 원망이 밀려든다.

하지만 우리가 감정과 반사적 반응에 속수무책인 것은 아니다. 자기감정을 통제할 수는 없다 해도, 적극적으로 나서서 편도체를 안정시키면 충동적 행동을 제어하고 감정을 조절할 수 있다. 의미치료logotherapy의 시조, 나치 수용소에서 살아남은 신경학자이자 정신과의사 빅터 프랭클Viktor Emil Frankl은 인간에게 정신의 자유가 있는지, 아니면 특정 상황에서는 '도저히 달리 어쩔 도리가 없는지'를 고민했다. 결국 그는 인간은 어떻게 생각할지를 선택할 수 있으며, 많은 것이 자동반응이 아니라 결정에 달렸다는 결론에 도달하였다.[30] 미국 작가 스티븐 코비Steven Covey는 프랭클의 생각에 영향을 받아 이런 유명한 말을 남겼다. "자극과 반응 사이에는 빈 공간이 있다. 그 공간에 우리의 자유가 있다. 그 공간을 통해 어떤 반응을 보일지 선택할 수 있기 때문이다. 그 반응은 우리의 성장과 행복에 영향을 미친다."[31]

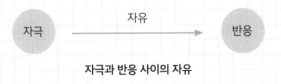

자극과 반응 사이의 자유

빈 공간을 의미 있게 활용하면 반응을 바꿀 수 있다. 외부의 압력과 스트레스에 노출되었다고 해서, 가령 공격적인 대화 상대를 만났다고 해서 반드시 되받아치거나 항복하거나 기분이 나빠야 할 이유는 없다. 자유 공간을 활용하여 다른 반응을 보일 수 있다.

앞서 배운 대화 기술들을 활용하는 것도 한 가지 방법이다. 적절한 기술을 골라 회피나 공격이 아닌 유익한 길로 나아가보자. 그것 말고도 감정을 조절하여 반응을 바꿀 방법은 여러 가지가 있다. 구체적인 방법에 관해선 3장 후반부에서 다룬다.

3.

소모적인 논쟁에
휘말리지 않는
현명한 대화 기술

내가 틀릴 수도 있다
: 도덕적 합리화에서 벗어나기

아예 말도 섞고 싶지 않은 사람이 있다. 비슷한 점이 별로 없다는 확신이 든다. 대부분 우리와 가치관이 다른 사람들이다. 가치관의 차이는 소통을 방해하므로 대화가 바람직한 방향으로 흘러가지 못한다.

　도덕성을 명분으로 내세우는 온라인 마녀사냥도, 심지어 전쟁도 가치관을 빌미로 삼는다. 이것이 바로 '도덕적 합리화moral licensing' 현상이다. 좋은 일을 한다고 굳게 믿으면 죄책감 없이 나쁜 짓을 저지를 수 있다. 가치가 수단보다 중요하다고 믿기 때문이다. 따라서 가치관이 다른 사람을 더 가혹하게, 더 인정사정없이 몰아세우는 명분이 된다. 당연히 나는 옳은 편이므로 나의 가치관을 지키기 위해서라면 못 할 짓이 없다.

가치관과 사람을
동일시하지 말 것

———

옆자리 여직원이 부장하고 잤다고? 어떻게 그런 짓을 하지? 둘 다 내쫓아야 한다. 동료가 어제 식구들하고 동물원에 갔다. 불쌍한 동물을 가두어 놓고 학대하는 곳에 돈을 내고 가다니! 부장이 저질 농담을 예사로 한다. 꼰대 남자들이란 구제불능이다. 당장 쫓아내야 한다.

가치관과 사람을 너무 동일시하면 소통이 안 된다. 딱 봐서 가치관이 다를 것 같은 사람은 처음부터 무시하게 된다. 가치관은 사람을 고집불통으로 만들고 토론 능력을 갉아먹는다. 2020년의 한 연구 결과가 입증한 사실이다. 어떤 주제를 두고 한 무리의 참가자들에게는 도덕적인 근거를 찾게 하였고, 다른 무리에게는 사실을 바탕으로 실용적인 근거를 들게 하였다. 그 결과 도덕적인 논리를 주장한 사람들이 더 고집을 부렸고, 상대의 말을 끝까지 듣지도 않았다.[1]

그렇다고 도덕을 팽개치라는 말이 아니다. 다만 가치관과 도덕이 중요한 지점에서는 더욱더 대화를 나누는 방식을 살피고, 혹시 상대의 가치관을 무시하지는 않는지 주의해야 한다는 말이다.

가치관 공격은 인신공격이다

가치관이 개입되면 갑자기 고집을 부리고 목소리가 높아지는 데에는 이유가 있다. 가치관이 정체성을 부추기기 때문이다. 우리가 정한 목표, 심혈을 기울이는 대형 프로젝트, 습관, 각인 등과 똑같이 가치관은 인격의 하나이다.[2]

따라서 "사람과 문제를 분리하라!"는 그 유명한 하버드 협상 원칙도 지키기가 어렵다. 문제가 곧 그 사람의 일부이니까 말이다. 인격과 뗄 수 없는 문제를 토론할 때는 마치 자기 인생을 변호하는 기분이 된다. 두뇌에서도 생명이 위태로울 때와 같은 반응이 일어난다.[3] 정체성이 걸린 문제에서는 사실 여부를 따질 겨를이 없는 것이다. 지금 당신이 하고 있는 이 논쟁이 가치관 논쟁인지를 알려면 특히 세 가지 지점을 유심히 살피면 된다.

1. 단어 선택

상대가 일반화하는 표현을 자주 쓴다. 자신의 판단이 보편타당하다는 듯 말한다. "다들 그래." "그럼 못써!" "그건 안 돼."

2. 도덕화

자신과 다르게 생각하는 사람은 나쁜 사람이라는 식으로 말한다.

3. 지나친 반응

분노나 멸시 같은 감정적인 반응을 보인다.[4]

이 세 가지는 상대가 당신에게 이미 마음을 굳게 닫았다는 증거이다.

양성평등, 예방접종, 인종주의 등 우리 주변에는 가치관과 관련된 논쟁거리가 무수히 많다. 물론 논쟁 자체가 잘못은 아니다. 한 사회가 유지되려면 반드시 거쳐야 할 과정이다. 문제는 논쟁이 극단으로 치우칠 때이다. 어떻게 대처해야 물러설 줄 모르는 굳은 가치관을 부수고 상대에게 다가갈 수 있을까? 가치관 논쟁의 역학을 알면 수월하게 대화를 긍정적인 방향으로 이끌 수 있다. 즉 상대의 극단적인 표현에서 긍정적인 가치관을 알아내면, 그것을 교묘하게 우리 논리로 끌어들일 수 있다.

진정성과 영향력 사이의
줄다리기

갈등은 대부분 서로를 배격하는 정반대의 두 가치관이 충돌할 때 일어난다. 하지만 조금만 더 자세히 들여다보면 반대가 아닐 때가 많다. 심지어 서로가 서로에게 꼭 필요할 수도 있다. 이 사실을 깨달으면 상대를 다시 대화의 장으로 불러올 수 있다.

논쟁을 불붙이는 대표적인 가치관이 '진정성'이다. 진정성을 중요하게 생각하는 사람들은 꾸밈이나 거짓을 절대 용납하지 않는다. 그들은 자주 말한다. "나는 정직하고 솔직한 사람이야." 무슨 일이 있어도 거짓은 안 되기에 생각나는 대로 전부 입에 올린다. 그래서 자칫하면 아주 무례하고 인정머리 없는 사람처럼 보인다. 팀장이 솔직하게 말한다. "바보들! 또 무슨 작당 모의야?" 팀장이 생각하기에는 정직하고 솔직한 표현일지 몰라도 졸지에 바보가 된 직원들은 듣기 좋을 리 없다.

혹은 상대가 숨기고 싶어 하는 내용까지 거침없이 다 떠들고 다녀서 상대가 곤란해하거나 스트레스를 받을 수 있다. 사람들이 지루해서 하품을 하건 말건 '진정성 있게' 할 말을 끝까지 다 하고, 상대가 마음에 안 들면 '솔직하게' 상대를 멸시한다. 그러고선 말한다. "그게 나야!"

그러나 전문성과 배려를 무시한 진정성은 소통을 가로막는 높은 벽이다. 젓가락으로 반찬을 집는 것이 날 때부터 당연한 사람은 없다. 살면서 서서히 배워 익힌 습관이다. 새로운 것에 기회를 주어 자꾸 반복하다 보면 언젠가 그것이 자기다운 것이 된다. 하지만 진정성을 주장하는 사람들은 기다릴 줄 모른다. "나는 절대 거짓말 하지 않아!" 그들은 고집을 부린다.

그런가 하면 남들이 어떻게 생각할지가 제일 중요한 사람이 있다. 자기가 한 말이 어떤 영향을 미칠지, 어떤 결과를 일으킬지 전전긍긍하여 연신 고민한다. "내 말뜻이 제대로 전달되려면 어떻게 말해야 할까?" 심하면 자신을 버리고 오직 남들의 상황과 목표만 생각한다. "그들의 목표를 달성하려면 나는 무엇을 해야 할까?"

거리낌 없이 하고 싶은 말을 다 하는 사람과 남들이 어떻게 생각할지만 고민하는 사람. 이 양극단이 충돌하면 갈등은 당연지사이다. 하지만 그 둘 모두에 각자만의 좋은 점이 있다.

진정성의 긍정적 면모는 정직함이다. 다시 말해 행동과 생각의 일치이다. 목소리, 몸짓, 동작, 단어 선택, 마음가짐이 일치하는 사람은 신뢰할 수 있다. 하지만 그 진정성이 뻔뻔하고 무례한 극단으로 삐끗하지 않으려면 자매의 덕목, 즉 '영향력 인식'이 필요하다. 긍정적인 영향력 인식이란 어떻게 하면 상대에게 정보가 잘 전달될 수 있을지를 고민하는 일이다.

이 역학을 가치관과 발달의 사각형에도 적용해볼 수 있다.

가치관과 발달의 사각형은 서로 다른 가치관 사이의 긴장 관계를 잘 보여준다. 진정성은 긍정적이지만 짝이 되는 영향력 인식이 없다면 무례하고 매정한 솔직함으로 변질되는 것처럼 말이다.

독일 우파 정당 기독교민주연합Christlich Demokratische Union; CDU의

진정성	영향력 인식
거침없는 솔직함	겉에 치중

가치관과 발달의 사각형에서 진정성과 영향력 인식의 관계[5]

대표를 역임한 아르민 라셰트Armin Raschet는 아르탈의 홍수 현장에서 대통령이 연설하는 동안 뒤에서 웃었다. 네티즌들은 해시태그 *#라셰트웃다*laschetlacht를 달면서 그를 마구 비난하였다. 인간이 얼마나 모질면 저런 곳에서 웃을 수 있을까? 하지만 그런 상황에서 웃었으므로 그는 나쁜 사람일까? 우리 모두 적절치 않은 때에, 심지어 사랑하는 사람을 떠나보내는 장례식에서도 웃은 경험이 있을 것이다. 그건 인간적이고 또 정직하다. 하지만 라셰트의 웃음은 그의 역할에 맞지 않았다. 아르민 라셰트는 그 순간 자기 행동의 영향력을 인식하지 못했다.

반대로 마틴 루터 킹Martin Luther King이 그 유명한 연설에서 "흑인과 백인은 평등합니다"라는 말로 진심만을 요약하고 전달했다면, 그 정도로 엄청난 성공을 거두지 못했을 것이다. 그가 반복하여 끼워 넣은 "나는 꿈이 있어요"라는 문장은 메마른 진심과는 전혀 다른 설득력을 발휘하였다.

그러므로 소통에는 이 두 가지 긍정적인 덕목(영향력과 진정성)이 꼭 필요하다. 진실(진정성)과 거짓 중에서 반드시 하나를 선택할 필요는 없다. 진실을 세심하게, 영향력을 인식하며 표현해야 한다. 정신분석학자 루스 콘Ruth Cohn은 진정성과 영향력 인식을 결합한 '선택적 진정성'을 주장했다. 루스 콘의 말을 들어보자. "말하는 모든 것이 진정해야 하지만, 진정한 모든 것을 말해야 하는 것은 아니다."[6] 이 원칙만 지켜도 우리의 온라인 플랫폼은 훨씬 아름다운 장소가 될 것이다.

이 두 가지 상호보완의 가치를 명심한다면, 상황에 맞게 꺼내 쓸 수 있는 두 가지 능력을 겸비한 설득력 있는 사람으로 거듭난 셈이다.

인간은 모두 복합적이다

다툼이 생기면 상대의 말에 담긴 좋은 점은 전혀 보이지 않는다. 서로에게 거짓말하지 말라고, 너무 과격하다고 비난을 퍼붓는다. 당연히 상대와 그의 입장을 존중하기가 힘들다.

사회 차원에서는 자유와 안전의 가치가 자주 충돌한다. 자유가 과하면 혼란이 온다. 모두가 자기 마음대로 하면 이 사회가 어찌 되겠는가? 하지만 안전이 과하면 사회가 마비된다. 모든 것이 안전하다는 확인을 거쳐야 한다니 숨이 막힌다. 자유가 최고의 가치인 사람에게는 안전이 족쇄일 것이고, 안전이 최고의 가치인 사람에게는 자유가 혼란일 것이다. 한쪽만 외치면 극단화된다.[7] 그러나 함께 어울려 살려면, 또 원활하게 소통하려면 둘 다 필요하다.

논쟁에서도 상대의 긍정적 가치관을 재확인하면 불안하던 마음이 가라앉고 상대와 그의 입장을 존중하게 된다.

그러나 살다 보면 극단화를 자제하기가 쉽지 않다. 어디를 가나 나는 늘 이런 하소연을 듣는다. "나르시시스트하고 어떻게 대화를 하죠? 회사를 옮겼는데도 또 사장이……" 그러면 나는 세 가지 질문을 던지고, 결국 사장은 나르시시스트가 아니라 그냥 살짝 꼰대라는 결론이 난다. 둘은 다르다. 잘난 척한다고 모두가 나르시시스트는 아니다. 남을 배려하지 않는다고 해서 전부 해로운 인간도 아니다. 사람들은 쉽사리 극단의 이름으로 낙인을 찍는다. '메갈'과 '일베', '사이코패스'와 '헌신적인 영웅', '늑대'와 '순한 양', '징징이'와 '행동파'……. 중간이 없다. 이것이 적대감의 불을 지피고 의심을 부추긴다. 저렇게 배려가 없다니 저 인간은 분명 나르시시스트야! 상대를 악마화하고 집단화하면 설득의 기회는 사라진다.

그러기에 행동 하나로 그 사람 전체를 규정해서는 안 된다. 하소연을 좀 했다고 무조건 징징이는 아니다. 곁말이지만 사실 좀 징징대고 나면 고통을 견디기가 훨씬 수월한 법이다.[8] 하지만 매사에 긍정적으로 생각하는 '자기계발형 행동파'는 오늘 일진이 좀 안 좋았다고 하소연하는 사람도 무조건 징징이로 분류한다. 힘들어하는 상대에게 전혀 공감을 못 한다. "그만 좀 징징대. 다 자기 하기 나름이야." 그러니까 성공을 못 한 건 다 자기 탓이다. 책임을 부정한다면 그건 바람직하지 못한 '피해자 멘탈'이다. 그들은 자신의 성공은 자신의 능력으로 일구었다는 생각으로 자존감의 성벽을 지킨다. 물론 그 생각은 옳지 않다.

반대편에는 일체의 낙관주의를 '해로운 긍정주의'로 보는 사람들이 있다. 요즘 이 말이 인기다. '해로운 사람', '해로운 페미니즘',

'해로운 언론', '해로운 남성우월주의'……. 심리학에서 나온 개념이므로 이 말을 쓰면 뭔가 심리학적으로 입증된 판단인 양 보인다. 그래서 자신의 부정적 판단을 다시 한번 '객관적으로' 강조하는 데 많이 사용한다. 같은 이유에서 '나르시시스트'라는 말도 인기이다. 하지만 서둘러 진단을 내릴수록 그 개념에 미숙한 사람이다.

그러므로 성급한 판단을 자제하고 한 사람 한 사람의 미세한 뉘앙스에 주목해야 한다. '해로운 인간'이 아니어도 누구나 한 번쯤 실수할 수 있다. 남성우월주의자가 아니어도 남자 편을 들 수 있다. 여성의 권리를 주장하는 여성이 모조리 '피해자 코스프레'를 하는 것도 아니다. 생리 주기를 털어놓지 않는다고 여성성에 문제가 있는 여성일 리 없다. 감정을 잘 표현하지 못하는 남성이라고 해서 모조리 남자는 울지 않는다는 신념에 사로잡힌 것은 아니다. 부당한 짓을 한 사람에게 화를 냈다고 해서 '용서하는 법을 배워야' 한다며 부담을 지워서는 안 된다.[9] 인간관계에 문제가 없어도 관계를 끊을 수 있고, 트라우마가 없어도 흥분할 수 있다. 양극단 사이의 다양한 면모를 바라보자. 물론 극단은 있다. 하지만 그 극단에 들어갈 사람은 극소수이다.

우리는 타인의 기대대로 행동하려 한다. 1960년대에 이 피그말리온 효과를 처음 입증한 사람은 심리학 교수 로버트 로젠탈Robert Rosenthal이다. 그의 실험에서 선생님은 무작위로 뽑은 특정 학생들에게 머리가 좋아서 공부를 잘하겠다는 말을 한다. 나중에 지능 검사를 해보니 실제로 이 학생들이 다른 친구들에 비해 성적이 훨씬 좋았다. 선생님이 긍정적인 평가로 아이들을 다르게 대했고, 그 결과 그들의 잠재력이 발현된 것이다. 이 효과는 지금껏 과소평가를 받았지만 실제로는 잠재력이 내재된 사람이 타인의 평가를 중요하게 생각하는 경우 두드러지게 나타난다.[10] 그러니까 상대를 함부로 과소평가해서는 안 될 일이다. 상대의 자기성찰 능력도, 극단적인 태도도 함부로 판단하지 말아야 한다. 상대에게 심한 부정적 꼬리표를 붙이지 않으려는 노력은 매우 중요하다. 그런 행동이 최악의 반응을 유발하기 때문이다. 당연히 상대를 설득할 기회도 저 멀리 날아간다.

당신 앞의 그 사람은
악마가 아니다

대립하는 가치관은 도덕적 우월감을 부른다. 그러나 상호 비방은 분쟁의 불쏘시개가 되어 설득을 방해한다. 상대가 자신을 멍청이, 정신병자, 나쁜 놈 취급한다는 느낌이 들면 누구든 바로 반발감을 느끼고 자기변호부터 하려 들 것이다. 그래서는 합의는커녕 호응도 얻어내기 힘들다. 상대를 설득하려면 도덕적 겸손이 필요하다. 우월감을 버리고 겸손해야 한다.

대표적인 불쏘시개 화법은 아래와 같다.

- **악마화** "그렇게 생각하다니 나빠!"
- **무시** "생각이 짧네." "논리적으로 생각해야지."
- **억측** "너 하는 걸 보니……"[11]
- **훈계** "그래서 되겠어? 말을 잘 해야지."
- **심리화** "네 마음을 가만히 들여다봐."
- **비난** "네 탓이야."[12]

혹시라도 이런 식의 도덕적 우월감을 맞닥뜨린다면 3장 뒤에서 배울 감정 조절 기술을 활용하자. 질문을 던지거나 앞으로 배울 여러 기술을 적극 활용하여 대화를 긍정적 방향으로 이끌어가자.

모든 것에 다 반응할 필요는 없다

우리와 의견이 전혀 다른 사람과 논쟁할 때는 실용적인 자세로 임하는 것이 좋다. 실용성을 따져서 그럴 필요가 있다고 판단되면 상대의 도발도 참고 견딘다. 과열된 논쟁의 열기를 가라앉히려면 차분한 마음이 필요하다. 그렇다면 어떻게 해야 실용적인 자세를 유지할 수 있을까? 거리를 두는 자세와 유머가 정답이다.

"생각이 짧네." "웬만큼 정보가 빠른 사람이면 다 아는 사실인데……" "너무 대충 본 거 아냐?" "논리적으로 생각해야지." "내가 자료 보낼 테니까 그거 보고 다시 생각해봐." 이런 식의 말에는 미묘하게 깔보는 투가 깔려 있어서 듣는 사람의 마음에 소용돌이를 일으킨다. 대부분 우리는 똥을 향해 달려드는 똥파리처럼 그런 말에 달려들어 당장 고치려고 든다. 하지만 무작정 달려드는 것이 과연 유익할까? 괜히 논쟁을 안드로메다로 보낼 위험만 높인다.

"네가 아까 그런 말을 하니까 내가 그러는 거 아냐." "네가 먼저 시작했으니까 내가 그러지." 사소한 도발이나 무시로 느껴질 법한 말 한마디에 일일이 대응하다가는 핵심을 다루지 못한다. 억지로 돋보기를 들이밀지 않는다면 사실 사소한 의견 차이는 별문제가 되지 않는다. 똥은 피하는 것이 상책이다. 일일이 따지고 들며 권리를 주장할 필요가 없다. 물론 짚고 넘어가는 자세는 바람직하다. 하지만 무엇이든 과하면 모자라느니만 못한 법이다. 상대의 도발을 알면서도 무시할 때, 토론은 긍정적인 방향으로 되돌아간다.

그럼에도 대화를 멈출 수 없는 상황이 있다. 이럴 때 상대의 도발에 유머로 대응하면 긴장은 풀리고 관계는 더 끈끈해진다. 함께 나누는 웃음의 힘은 생각보다 크다. 가령 부서 미팅 중인데 분위기가 심상치 않다. 격론이 오간 터라 다들 기분이 엉망이다. 그 순간 다른 부서 동료가 유리문을 못 보고 돌진하다가 쾅 부딪친다. 와르르 웃음이 터지면서 분위기가 확 풀어진다. 진지한 대화로는 풀리지 않던 긴장이 함께 나눈 웃음으로 순식간에 눈 녹듯 사라진다. 디자이너 폴 스미스Paul Smith도 긴장되는 비즈니스 미팅에는 삑

삑이 고무닭 인형을 들고 간다고 말한 적이 있다. 분위기가 심상치 않을 때 꺼내서 삑삑 소리를 내면 분위기가 풀린다고 말이다.[13]

독일 래퍼 부시도Bushido는 RTL방송국의 한 다큐멘터리에 나와서 프린츠 마르쿠스 폰 안할트Prinz Marcus von Anhalt(독일 사업가로 나이트클럽과 매춘업체 대표이다. 사치스러운 생활로 유명하다 - 옮긴이)와의 사건을 털어놓았다. 부시도가 자기 노래 〈디스disste〉에서 여러 차례 프린츠 마르쿠스를 "토마토 대가리"라고 놀렸는데도 그는 가타부타 말이 없다가, 하루는 부시도를 '빨간 토마토'라는 이름의 식당으로 초대하였다고 한다. 그 후 부시도는 한 인터뷰에서 이렇게 말했다. "나하고 삐걱대는 다른 사람들도 프린츠 마르쿠스처럼 여유 있게 대응하면 좋겠습니다. 정말 인상적이었어요. 완전 감동했다니까요."[14]

이처럼 유머는 긴장을 풀고 호감도를 높인다. 논쟁이 격해지면 당신이 자기 입장에 너무 집착한다는 인상을 풍길 수 있다. 바로 그런 순간 유머가 여유와 당당함을 입증해준다. 한 실험에서 판매자가 고객에게 마지막 입찰을 하면서 이런 유머를 곁들이자 끝까지 진지한 태도를 고수했던 판매자보다 더 높은 가격을 받았다. "저의 마지막 가격은 ……입니다. 그리고 덤으로 개구리 한 마리도 드립니다."[15]

유머가 넘치는 가벼운 마음가짐으로 살 수 있으려면 입을 열 때마다 의미 있는 말을 던져야 한다는 압박감을 버려야 한다. 또 타인에게도 그런 기대를 하면 안 된다.

물론 주의할 점도 있다. 소통에선 기본 원칙이 있다. 소통의 성공은 당신이 아니라 상대가 결정한다. 유머가 유머가 될지 말지도 당신이 아니라 상대가 결정한다. 상대를 놀림감으로 삼는 유머는 금지다.

고집쟁이는 생각보다 멍청하지 않다
: '터치 턴 토크'로 가치관의 벽을 넘는다

상대의 호응이 꼭 필요한 자리라면, 의견 충돌은 실로 불쾌하다. 그래도 전화 한 통 걸어서, 혹은 눈 한번 질끈 감아서 의외로 일이 잘 풀릴 수도 있다. 하지만 상대가 도무지 뜻을 굽히려 하지 않을 때는 어떻게 해야 할까? 나도 그런 일을 겪은 적이 있다. 스파 광고 영상을 의뢰받아서 현장으로 나갔는데 스파 관리소장이 아주 곤란한 요구를 했던 것이다.

　나는 직업이 둘이다. 커뮤니케이션 트레이너이자 영상 감독이다. 오랫동안 기업 내부 커뮤니케이션용 영상과 광고 영상을 찍었다. 어느 날 어떤 스파에서 광고 영상을 찍어달라고 의뢰를 해왔다. 촬영을 스파 내부에서 진행할 터라 관계자들과 몇 주 전부터 일정을 조율하고 모든 준비를 마쳤다.

　촬영 날 열네 명의 스태프와 장비를 이끌고 촬영 현장에 도착

했더니 대표가 직접 나와 우리를 맞이하였다. 그런데 급한 볼일이 생기는 바람에 나가봐야 해서 미안하다며 모든 문제는 관리소장하고 의논해서 처리하라고 말했다. 우리는 신발에 비닐을 씌우고서 장비를 이고 지고 탈의실을 지나 스파 내부로 들어갔다. 과연 대표의 말대로 관리소장이 우리를 맞이하였다. 거기까지는 예상대로였다. 그러나 미처 예상치 못한 사실이 있었으니, 소장이 옷을 하나도 걸치지 않은 알몸이었다.

곤란한 요구에 맞닥뜨렸을 때

우리가 미처 충격에서 헤어나오기도 전, 관리소장은 곧바로 지령 모드로 돌입했다. 그가 우리를 향해 달려오며 손가락질해댔다. "잠깐, 잠깐, 여기는 탈의하셔야 합니다."

"안녕하세요, 저는 마리테레즈 브라운입니다. 만나서 반가워요." 나는 다정하게 인사를 건네며 당황한 표정을 들키지 않으려고 최대한 애를 썼다. "제가 오늘 여기 감독입니다." 내 말에 소장도 인사를 건넸다. "네, 어서 오세요. 말씀 들었습니다. 그런데 이렇게 오시면 안 됩니다. 탈의하셔야 해요. 스파 안에서는 절대 옷을 입어서는 안 됩니다. 전원 탈의하세요." 여기서 전원이라는 말은 열네 명의 남자 스태프와 나라는 뜻이었다.

나는 최대한 이해한다는 표정을 지으며, 우리는 촬영팀이지 손님이 아니다, 대표님하고 이미 다 이야기를 마쳤다고 설명했다. 물론 옷을 입을지 말지는 대표와도 의논한 적이 없었다. 영상을 찍으며 여태 한 번도 이런 문제에 부딪힌 적이 없었기 때문이다. 어쨌든 상대는 말이 통하지 않았다. 그의 관심은 오직 하나, 탈의뿐이었다. "저도 압니다. 그래도 다들 벗고 있는 곳에서 여러분들만 옷을 입고 돌아다니면 안 되지요."

나는 도와달라는 눈빛으로 스태프들을 쳐다봤지만, 카메라맨은 히죽히죽 웃기만 했다. 보아하니 다들 반대할 뜻이 없는 모양이었다. 하지만 내 입장을 달랐다. 모두가 받아들일 수 있는 해결책이 필요했다. 대표는 연락이 안 되고, 무엇보다 아까운 촬영 시간이 하릴없이 가고 있었다. 어떻게든 홀딱 벗은 소장하고 의견 일치를 봐야 했다. 나는 머리를 굴려 나름의 방안을 제시하였다. "저희가 칸막이를 치고 촬영하면 방해가 안 될 겁니다. 어차피 손님들도 촬영한다는 걸 다 아실 테니 크게 신경 쓰지 않을 거고요. 저희가 데려온 모델만 화면에 나오도록 최대한 조심하겠습니다. 그러니까 양해 부탁드려요."

소용없었다. 그는 같은 말만 되풀이했다. "죄송하지만 스파 내부에서는 탈의해야 합니다. 옷을 입으면 입장이 불가합니다."

사실 따지고 보면 그냥 재미난 상황이었다. 느긋하게 기다리면 소장이 대표와 통화할 것이고, 그러느라 시간이 지체되면 그 비용은 광고주가 댈 것이다. 그러니 우리가 안달복달할 이유는 없었다.

문제는 우리가 촬영 내내 이 남자의 도움을 받아야 한다는 사실이었다. 스파 비품과 수건, 사우나 절차 등등을 다 그에게 물어보고 진행해야 했다. 그러니 그의 기분을 망치면 촬영이 순조로울 리 없고, 결과물도 최고일 수 없었다.

겉모습 뒤에 숨은
가치관을 찾아라

이런 상황에서 어떤 대처가 가장 바람직할까? 어떻게 해야 원하는 것을 얻을 가능성을 키울 수 있을까?

해결책에 다가가려면 상대가 정말로 중요하게 생각하는 가치가 무언인지를 고민해야 한다. 모든 분쟁이 그러하듯 이 경우도 겉으로 드러난 상황, 즉 옷이 문제가 아니다. 그보다는 옷 뒤에 숨은 가치관이 더 중요하다. 다시 말해 소장의 '규칙 준수'라는 가치가 문제의 핵심이다. 가치관은 곧 정체성이다. 따라서 상대를 설득하려는 짓은 인격의 핵심을 직접 공격하는 일과 같다. 문제를 해결할 유일한 기회는 상대의 가치관을 인정하고 그것을 자신의 논리에 통합시키는 것이다. 일단 상대의 말에 숨은 가치관부터 알아내야 한다.

스파 소장은 규칙 준수를 중요하게 생각하는 사람이었다. 그걸 두고 그를 비난할 수는 없다. 내가 문제로 삼은 점은 과도함이었다. 아무 의미도 없는 지점에서 그는 과도하게 규칙에 집착했다.

규칙과 원칙 엄수	유연성
고집	혼란

가치관과 발달의 사각형으로 본 스파 소장과의 갈등

다시 말해 너무 고집스럽게 반응했다. 물론 스파 소장도 나의 행동에 이런 지적을 할 수 있었다. "당신이 규칙을 안 지키고 자기 하고 싶은 대로 하면 누가 규칙을 지키겠습니까?" 우리 두 사람의 갈등을 유발한 가치관의 대립을 표로 만들어보면 위와 같다.

양측이 대립한다. 상대가 중요하게 생각하는 가치관을 무시하여 정체성 일부를 깔아뭉개는 짓은 상대에 대한 직접적인 공격과 다르지 않다. 반대로 상대의 가치관을 파악하고 인정한다면 상대가 더는 그 가치관을 지키겠다며 고집부리지 않는다. 내가 자신을 이해한다고 느낄 테니 말이다. 바로 이것이 터치 턴 토크Touch-Turn-Talk 기술의 요점이다.

터치 상대의 입장을 터치한다.

상대의 가치관을 인정하고 논리로 그것의 의미를 입증한다. 혹은 자신의 극단성을 내려놓고 그것이 목표가 아님을 설명한다.

그러면 상대의 불안이 가라앉고, 반드시 자기 생각을 지키겠다는 고집도 누그러진다.

턴 당신의 입장으로 돌아선다.

상대의 가치관과 대립하지 말고, 오히려 상대의 가치관을 의미 있게 보완하는 당신의 가치관으로 슬쩍 넘어간다.

토크 당신의 입장을 제시한다.

당신의 입장을 다시 한번 설명하거나 대안을 제시한다.

이 방법은 가열된 토론의 열기를 빠르게 가라앉히는 데 유익하다. 셋 중에서 '터치' 부분이 가장 중요하다. 이 부분은 근본적으로 '입장 바꾸기(기술 5)'와 별반 다르지 않다. 현재의 상황을 잠시나마 상대의 눈으로 바라보기 때문이다. 또 '터치'는 자기 마음을 다스리는 데에도 큰 도움이 된다. 입장 바꿔 생각해보면 상대의 입장이 내 생각처럼 멍청하지 않다는 사실을 불현듯 깨닫기 때문이다. 상대 역시 자기 가치관을 인정받았다는 기분에 마음이 편해진다. 사람이 화를 내고 소리를 지르는 이유는 이해받지 못했다고 느끼기 때문이다.

당신이 자신의 핵심 가치를 '터치'하고, 나아가 이해한다고 느끼면 상대는 절대 거칠게 반응하지 않는다. 인간은 최악의 사태(이 경우 상대의 극단적인 태도)를 막으려는 동기에서 행동하므로, 당신이 먼저 상대의 입장을 인정하면 상대 역시 당신의 입장으로 눈길을 돌린다. 이어지는 '턴'과 '토크'에서도 상대에게 당신의 가치를 설득하려 해서는 안 된다. 가치관은 인격이므로 애당초 설득이 불가능하다. 그보다는 당신의 가치를 상대의 가치 옆에 나란히 세우는 것이 중요하다.

자, 그렇다면 우리의 스파 소장과는 어떻게 되었을까?

정서적 공감보다는
인지적 공감으로

무작정 앉아서 대표가 오기를 기다릴 수도 있었겠지만 나는 한 번 더 시도해보기로 마음먹었다. 그래서 다시 벌거숭이 소장에게로 다가갔다. 불룩 튀어나온 배가 주요 부위를 가려주어 그나마 다행이었다. 나는 그에게 우리가 그의 의견을 절대적으로 존중한다고 설명했다.

터치 | "스파에서는 무엇보다 위생에 신경을 써야겠지요. 손님들이 찝찝하게 느끼면 안 될 테니까요. 모두가 규칙을 지켜야 할 겁니다. 제가 이 스파에 손님으로 왔다면 원칙을 철저히 지키시는 소장님을 보며 참 기분이 좋았을 겁니다." 내 말을 듣는 동안 소장의 표정이 눈에 띄게 편안해졌다. 나의 말에 위생, 규칙 준수, 소장의 주요 역할 등, 그가 직업상 중요하게 생각하는 모든 내용이 들

어 있었기 때문이다.

나 역시 말을 하는 동안 그의 모습이 더는 호들갑 떠는 웃긴 남자로만 보이지 않았다. 그의 행동에 담긴 긍정적 핵심이 눈에 들어왔다. (위생과 편안한 분위기를 위해) 규칙을 준수하는 긍정적 덕목이 말이다. 이제 내가 할 일은 규칙 못지않게 중요한 자매 덕목, 즉 '유연성'을 예외라는 형태로 우리 대화에 끌어들이는 것이었다.

턴과 토크 | "촬영 규칙은 대표님과 이야기를 나누었습니다. 오늘 저희 촬영팀에게는 예외 규칙이 필요할 것 같아요. 오늘 저희가 작업복을 착용한 것도 장비를 사용하다 생길 수 있는 부상을 예방하려는 조치이거든요."

마뜩잖은 표정이긴 했지만, 그는 예상보다 빨리 내 말에 동의했다. "알겠습니다. 그래도 이런저런 점은 주의를 해주세요." 그는 우리가 지켜야 할 몇 가지 규칙을 자세히 설명했다. 어쨌거나 우리는 그에게서 풀려났고 촬영을 시작할 수 있었다. 영상에 그의 모습(당연히 배꼽 윗부분)을 담겠다고 하자 그의 기분은 최고조로 치솟았다. 우리 역시 훗날에도 이 특별한 만남을 아름답게 기억하였다.

이제 당신에게 질문을 던지고 싶다. 왜 그는 처음에 그토록 고집을 부렸을까? 내용만 따져보면 나의 말에는 큰 차이가 없었다. 이유는 내가 너무 일찍 해결 모드로 나아갔기 때문이다. 어떻게 하면 촬영을 빨리 시작할 수 있을까를 고민하다가 그만 '터치' 부분을 생략한 것이다. 나는 규칙을 준수하는 그의 가치관과 정서 상태를 무시해버렸다. 무시당한다는 기분이 들면 상대는 자신의 반응이 정당하며 자기 행동이 의미 있다고 이해받을 때까지 자기 입장을 고집한다. 반대로 자신의 의미와 가치를 인정받으면 굳이 자기 입장을 변호할 필요가 없으므로 긴장이 풀어진다.

자기와 비슷한 사람에게 공감하기란 식은 죽 먹기다. 그러나 진짜 공감할 줄 아는 사람은 나와 다르게 행동하는 사람을 보면서도 그의 입장에서 생각할 줄 아는 사람이다.

토론을 할 때는 정서적 공감보다 인지적 공감이 필요하다. 상대의 감정을 따라 느끼며 그 감정에 푹 젖을 것이 아니라 분석적 사고로 상대의 생각과 동기를 이해할 수 있어야 한다. 터치 턴 토크 기술은 그 인지적 공감을 말로 옮길 수 있게 도와준다.

말 많은 사람에게도
터치 턴 토크 기술을

말이 많은 상대의 입을 다물게 하는 데에도 터치 턴 토크 기술은 효과가 있다. 이 기술로 상대의 입을 틀어막을 수 있다. 누가 내 말을 자르는데 기분 좋을 사람은 없다. 특히 말하기 좋아하는 사람은 누가 자기 말을 자르는 상황을 제일 싫어한다. 하지만 그의 말에 맞장구를 쳐주면 상황이 달라진다. 자기 말이 옳다는데 싫을 사람이 어디 있겠는가? 마음이 흐뭇해지면서 이런 생각이 밀려온다. '내 말이 옳다는데 저 사람 말을 한번 들어봐야지.' 동의로 대화의 문을 열어 상대의 입장을 터치한 다음 자신의 내용을 들이밀어야 한다.

1. **터치**: "맞아요. 그건 정말 꼭 살펴봐야 할 문제예요."
2. **턴**: "한 가지 지점을 보충하고 싶은데요."
3. **토크**: "말씀하신 _____와 관련하여서 더 살펴보자면……"

Tech 13 터치 턴 토크 기술

1. 터치

상대의 입장을 인정한다.

a) 입장 뒤편에 숨은 가치관을 인정한다.

상대의 (극단적인) 행동에 어떤 유익한 핵심이 숨어 있을까? 그 핵심을 찾아내보자.

- "_____하므로 그 (가치관)을 살펴보도록 합시다."
- "여기서는 그 (가치관)이 중요합니다."

b) 자기 가치관의 극단적인 부분을 내려놓는다.

당신의 가치관에는 어떤 부정적인 극단성이 숨어 있을까? 당신도 그 극단적인 부분을 지향하지는 않는다는 점을 명확히 밝히자.

- "그런 (부정적 극단성)은 저도 원치 않습니다."

2. 턴

자신의 시각으로 이끈다.

이때는 "그렇지만"이라는 표현을 최대한 자제해야 한다. 조금 전에 보였던 이해심이 효력을 잃는다.

- "이 경우엔 _____ 합니다."
- "여기선 추가로 이런 점을 고려해야 합니다."
- "극단으로 빠지면 안 되니까 제 생각에는……"

3. 토크

자신의 시각을 설명하거나 제안한다.

- "우리가 _____ 하면 어떨까요?"
- "제 생각에는……"

상대방의 언어로 바꾸어 말할 때 주의할 점
: '언어 가치관 프레이밍' 기술

단어 선택이 설득의 성패를 좌우한다. 당신의 입장이 어떻게 비치는가를 단어가 결정하기 때문이다. 가치관을 담는 도구로써 언어는 내용을 바라보는 상대의 시선을 바꾼다.

탈무드 제자가 랍비에게 물었다. "랍비님, 기도하면서 담배 피워도 될까요?" "안 돼!" 랍비가 대답했다. 잠시 후 다른 제자가 물었다. "랍비님, 담배 피우면서 기도해도 될까요?" "당연히 되지." 랍비가 좋아하며 대답했다.[16]

인지 연구는 언어가 행동에 얼마나 큰 영향을 미치는지를 입증한다. 실험 참가자들에게 가상의 도시 애디슨에서 일어난 범죄 이야기를 들려주고 해결방안을 물었다. 이때 참가자를 두 집단으로 나누어 각기 다른 텍스트를 보여주었다. 범죄를 '야수'로 표현한 텍스트를 읽은 집단은 경찰력 확대와 더 강력한 처벌을 요구했다. 범

죄를 '바이러스'에 비유한 텍스트를 읽은 사람들은 원인 규명에 더 목소리를 높였다.[17]

같은 문제, 같은 내용, 다른 비유가 다른 결과를 낳았다. 반대로 두 텍스트에서 하나의 단어(야수, 바이러스)를 원래의 의미 프레임에서 꺼내 새로운 프레임(범죄)으로 옮기자 내용 인식 방식이 크게 달라졌다. 이건 우연이 아니다. 단어가 우리의 행동과 의견에 얼마나 큰 영향을 미치는지는 이미 수많은 연구가 입증한다.[18] '크로이츠펠트 야콥 병Creutzfeldt-Jakob-Krankheit'을 다룬 글을 읽은 사람보다 '광우병'을 다룬 글을 읽은 사람이 소고기 소비를 더 많이 줄였다.[19] 코로나가 터진 후 독일의 중국 식당 매출이 3분의 1 토막 났다. 노인에 관한 글을 읽은 사람이 젊은 사람에 관한 글을 읽은 사람보다 엘리베이터까지 가는 걸음의 속도가 더 느렸다. 거북이에 관한 글을 읽은 사람이 치타에 관한 글을 읽은 사람보다 그림 속 남자의 걸음 속도를 더 느리다고 예상했다.[20] 어떤 단어를 사용하느냐가 큰 차이를 만든다. 모든 단어는 연상을 불러일으키고, 연상은 우리 생각에 영향을 미친다.[21] 단어 선택에 따라 우리는 메시지에 주관적 프레임을 씌우고, 상대 역시 그 프레임으로 메시지를 바라본다. 인지 연구에서는 이 같은 단어를 이용한 메시지의 프레임 씌우기를 '프레이밍framing'이라고 부른다. 우리 모두 원하건 원치 않건 프레이밍을 한다. 광고나 언론, 정치는 아예 의도적으로 프레이밍을 활용한다. 우리도 상대를 설득하고 싶을 때, 아니 최소한 이해라도 시키고 싶을 때 자주 프레이밍을 활용한다. 심지어 가치관과 도덕이 달린 논쟁에서도 그렇게 한다.

자극적인 말을 피하는
가치관 프레이밍

프레이밍의 특별한 형태로 '가치관 프레이밍'이 있다.[22] 메시지에 발신자가 아닌 수신자의 가치관 프레임을 씌우면 상대가 그 메시지를 긍정적으로 본다. 미국에서 시행한 실험 결과를 보면, 평등이나 정의 대신 애국심을 자극하는 언어를 사용하자 보수적인 사람들도 동성결혼에 찬성했다. 가령 "동성애자도 자랑스러운 미국인이야"[23] 같은 표현이다. 환경오염을 막아야 한다는 표현으로 환경보존법안을 주장했더니 보수주의자들은 별 호응을 하지 않았다. 대신 권위, 충성, 순수(깨끗한 숲과 맑은 물) 같은 개념을 사용해 설득했더니 보수파도 법안을 지지할 의향을 보였다.[24] 반대로 충성이나 애국심 같은 보수적인 가치관을 들먹이지 않고 군대가 가난한 사람을 돕고 일자리를 창출한다는 점을 강조하여 공정성을 내세웠더니 미국 자유주의자들도 군비 확충에 마음을 열었다.[25]

자기 가치관의 틀에 박혀 있으면 상대를 설득하기 힘들다. 가령 보수주의자들에게 소수자에 대한 관용을 요구하면서 '피해자', '특권 의식', '성차별', '문제' 같이 그들이 싫어하는 언어를 사용하면 당연히 반발이 인다. 보수적인 수신자에게는 '실용적', '문명인', '문화인', '합리적' 같은 단어가 훨씬 긍정적으로 먹힌다. 역사와 문화 같이 보수적인 가치관과 맞아떨어지는 단어는 대체로 다 잘 통한다.

따라서 가치관이 다른 사람을 설득하고 싶을 때는 자기 입장을 상대방의 가치관 틀로 옮기고 상대의 언어를 사용해야 한다. 당신의 입장을 최대한 상대의 틀로 밀어 넣어보자.

채식주의자가 자기 입장을 변호하고 싶다면 동물의 사육 환경을 파고들기보다 이렇게 강조하는 편이 낫다. "우리는 굳이 동물을 먹을 필요가 없는 문명화된 세상에 살고 있습니다." '세계관'이나 '마음가짐'을 고민해보라는 충고가 먹히지 않거든 '마인드셋' 개발을 권유해보자. 남편이 태국이나 인도네시아는 시간 낭비라며 안 가겠다고 하거든 동남아 문화를 배우는 여행을 권해보자. 동료가 이윤 극대화와 자본주의에 반대한다면 자본주의로 새로운 가능성이 열릴 수 있다는 점을 강조하자.

Tech 14 언어 가치관 프레이밍

상대의 가치관을 표현하는 언어를 찾아보자. 당신의 입장을 최대한 상대의 세계관에 밀어 넣어 그의 언어를 사용해보자.

"저도 같은 입장이지만,
방법이 조금 다릅니다."
: '내용 가치관 프레이밍' 기술

팀장이 사장과 면담을 하고 와서 고개를 절레절레 젓는다. 도무지 말이 안 통한다는 것이다. 사장은 매출 15퍼센트 증대를 올해 목표로 삼았다. 팀장은 현 상황에서 불가능한 수치라고 지적했다. 또 전년도의 인원 감축으로 만성적인 업무 부담에 시달리는 직원들도 생각해주어야 한다고 충고했다. 그러나 사장은 만성 적자 상황이라 충원 계획이 전혀 없다고만 대답했다. 두 사람은 한참을 옥신각신했다. "우리 팀 혼자서는 불가능합니다. 지원이 필요해요." "그이야기는 그만합시다. 목표는 달성하라고 있는 거니까, 잘할 수 있으리라 믿어요." 한 톨의 이해심도 없었다. 팀장은 절망했다. 두 가치관이 충돌했다. 이윤 극대화와 지원의 형태를 띤 인간성. 이 둘은 도저히 화합할 수 없는 문제 같다.

이번에는 다른 사례를 살펴보자. 여기서는 아동보호라는 도덕적 가치관이 쟁점이다. 누군가 이렇게 말한다. "우리 아이들을 지키려면 외국인 범죄를 뿌리 뽑아야 합니다." 도덕적 가치관에 힘입어 이 말을 한 사람도, 그의 입장도 어디 하나 흠잡을 데가 없는 것 같다. 따라서 이런 주장은 반박하기 힘들다. 뭔가 다른 말을 하면 우리 아이들을 지키지 않으려는 것 같기 때문이다. 그러나 아이들을 지키는 데 반드시 외국인 범죄의 형량을 내국인 범죄보다 더 높여야 할 이유는 없다. 외국인들의 발에 족쇄를 채운다고 자동으로 아이들의 안전이 보장되는 것은 아니기 때문이다.

이 사례는 가치관이 같아도 의견은 다를 수 있다는 사실을 잘 보여준다. 자유를 외치며 록다운lock down에 반대할 수 있지만, 더 빨리 자유를 되찾기 위해 록다운을 찬성할 수도 있다. 가족을 위해 일터로 나가 돈을 버는 어머니가 있듯, 가족을 위해 집에 남기로 마음먹는 어머니도 있다. 모두 똑같이 돈을 나누어야 공정하다고 생각할 수도 있지만, 능력대로 돈을 버는 것이 공정이라 생각할 수도 있다. 가치관은 같으나 입장은 갈린다.

따라서 토론이나 협상에서는 가치관과 발달의 사각형이 네 개의 칸에 멈추지 않는다. 다음 표에서처럼 각 칸은 다시 각기 다른 입장들로 갈린다. 하나의 가치관이 여러 입장의 이유가 된다는 깨달음은 이 책에 실린 많은 기술을 이해하는 데에도 매우 중요하다. 다른 입장을 주장하면서도 상대에게 같은 가치관을 공유한다는 느낌을 전할 수 있기 때문이다.

가치관1		가치관2	
P1	P2	P1	P2
P3	P4	P3	P4
P1	P2	P1	P2
P3	P4	P3	P4

갈등과 협상에서 가치관과 발달의 사각형

그 말은 거꾸로 말하면, 같은 입장의 근거로 다른 가치관을 제시할 수도 있다는 뜻이다. 똑같이 록다운에 반대하면서도 누군가는 자유를 외칠 수 있고 누군가는 사람들의 정신건강을 걱정할 수 있다. 똑같이 금연하면서도 어떤 이는 자기 건강을 먼저 생각하고 또 어떤 이는 가족의 건강을 먼저 생각한다. 똑같은 일을 해도 돈을 벌려는 목적인 사람이 있는가 하면, 일이 즐거운 사람도 있다.

가치관과 입장은
직접적인 연관이 없다

가치관과 입장이 직접 연관이 있는 것은 아니다. 설득을 목표로 삼은 우리에게는 매우 중요한 깨달음이 아닐 수 없다. 당신의 입장을 표현은 물론이고 내용상으로도 상대의 가치관으로 밀어 넣을 수 있을 테니 말이다. 이 과정은 두 단계를 거친다.

1단계: 상대의 가치관을 인정한다. 머리로 가치관과 입장을 구분한다. 한쪽을 찬성하면서 다른 쪽을 반대할 수 있다.

2단계: 아래와 같이 자신의 입장이 상대의 가치관과 일치한다는 점을 강조한다.

- "저도 그 문제에 관심이 많기 때문에 시각이 다릅니다."
- "우리는 관심사가 같군요. 다만 길이 좀 달라서 저는……"

앞에서 살펴본 팀장은 인간성이라는 가치관이 반드시 직원 지원 방식으로만 실현될 수 있다는 생각을 버리고 매출 증대라는 사장의 가치관과도 어우러질 수 있음을 깨닫는다. 며칠 후 그는 사장에게 다시 면담을 요청하여 이번에는 사장의 가치관과 목표에 호소하였다. "매출을 올리자면 이런저런 지점을 짚고 넘어가야 합니다……" 사장도 팀장의 말에 귀를 기울였고, 두 사람은 목표 매출 달성에 필요한 조건을 협상하였다.

업무 과다도 다른 시각에서 한번 살펴보자. 당신의 동료가 일을 너무 많이 한다. 지원 인력이 필요한데도 상사는 모른척한다. 옆에서 보니 딱하기도 하고 저러다가 병이라도 나면 어떻게 하나 싶다. 대충 하라고 충고를 해도 그는 늘 이런 식이다. "내가 맡은 일인데 잘해야지. 어디서나 꼭 필요한 사람이 되고 싶어." 건강이 더 중요하지, 아프면 그딴 게 다 무슨 소용이냐는 말이 허끝에 맴돌지만 그런 말은 소용이 없다. 가치관은 토론으로 바꿀 수 있는 종류가 아니다. 가르칠 수 없다. 따라서 상대의 가치관을 인정하는 논리가 훨씬 잘 먹힌다. "우리 팀에서 너보다 일 잘하는 사람이 있어? 너는 이 팀에 없어서는 안 될 사람이야. 그런 네가 아프면 우리는 어떻게 되겠어? 그러니까 팀장님께 인턴이라도 붙여달라고 해서 건강을 챙겨. 그래야 오래오래 일하지."

상대의 가치관을 인정하고 그것을 당신의 논리를 떠받치는 기반으로 활용하면 당신의 주장이 훨씬 더 긍정적으로 비친다.

Tech 15 내용 가치관 프레이밍

당신의 입장을 상대의 가치관과 목표 프레임으로 밀어 넣는다.

• "(상대의 가치관/목표)를 달성하자면 (나의 입장)이 중요합니다."
• "Y를 해야만 (상대의 가치관/목표)를 달성하는 것은 아닙니다. 다른 방법이 있지요. 그게 뭐냐면……"
• "(상대의 가치관/목표)를 달성하고자 하기 때문에 (나의 입장)이 꼭 필요합니다."

감정을 다스리는 구체적 대안

: 고집쟁이와 대화하면서도 평정심을 유지하는 법

1. 안전지대로 들어간다

만성 스트레스에 시달리면 편도체는 더 빨리 자극되고, 자주 자제력을 잃는다. 정말로 사소한 일에도 쉽게 예민한 반응을 보인다. 다들 경험이 있을 것이다. 정말 힘들 때는 말 한마디에도 눈이 돌아간다. 동료에게 일을 부탁했는데 얼른 안 하고 꼼지락거려서, 에스컬레이터에서 앞사람이 가만히 서 있는 통에 앞지르지를 못해서, 누군가 노크도 없이 사무실 문을 벌컥 열어서, 신호등이 바뀌고 앞차가 0.1초 만에 출발하지 않아서 짜증이 나고 화가 치밀어 오른다면 가만히 행동을 멈추고 자신의 스트레스 수위를 따져볼 일이다.

적어도 중요한 한 가지 욕구가 해소되지 못할 때 우리는 스트레스를 느낀다. 우리 모두에겐 각자에게 중요한 욕망이 있다. 편안한 '고향' 같은 개인적인 안전지대가 있다. 그 안전지대를 오래 떠나 있으면 스트레스가 생긴다.

스트레스 수치를 떨어뜨리고 싶다면 고민해보자. 나의 안전지대는 어디인가? 최근에 어떤 욕망을 홀대했던가?

- 거리감이 부족했다면 당분간 점심 시간에는 혼자서 밥을 먹고 팀 공동 업무는 거절한다. 하루에 한두 시간은 스마트폰을 끄고 아무하고도 연락하지 않는다.
- 관계가 부족했다면 점심 시간에 동료들이랑 수다를 떨고 저녁에 친구랑 약속을 잡고 동료의 업무를 도와준다.
- 변화가 부족했다면 새로운 프로젝트를 맡거나 연차를 써서 하루 여행을 다녀온다. 새로운 취미를 시작하는 것도 좋다.
- 지속성이 부족했다면 업무의 우선순위를 정해서 계획을 짜거나 '오후 세 시 탕비실에서 커피 한 잔 타 마시기'처럼 루틴을 정한다.

그러나 자신의 안전지대가 어디인지를 아예 모르는 사람이 많다 보니 자기도 모르는 사이에 너무 자주, 오래 이 안전지대 바깥을 방황한다. 그런 시간이 길수록 스트레스는 커진다. 안 그래도 대부분의 시간을 안전지대 밖에서 서성이는데 "앞만 보고 달려라!" 같은 충고는 전혀 유익하지 않다. 보통 그런 식의 조언은 발전이나 변화의 욕망이 강한 사람들의 입에서 나온다. 이 사람들은 변화 자체가 안전지대이니 탈출도 문제가 안 된다. 하지만 모두가 그들을 모범으로 삼을 이유는 없다. 우리는 모두 다른 사람이다.

그러므로 자신과 자신의 안전지대를 알아보자. 그래야 그곳을 베이스캠프 삼아 잠깐씩 밖으로 나가서 더 배우고 발전할 수 있다. 쉽게 흥분하고 아무 일도 아닌데 벌컥 화를 내는 자신을 발견하거든 안전지대로 들어가서 무엇이 모자랐는지 살펴보자. 욕망이 충족되면 아무리 힘든 협상이나 논쟁에서도 쉽게 마음이 흔들리지 않는다.

2. 감정의 이름을 불러준다

감정 라벨링은 자기감정을 말로 표현하는 것이다. 감정이 격할 때, 불안할 때, 자제력을 잃었을 때에도 이 기술은 큰 도움이 된다. 당신이 느끼는 감정을 말로 표현해보자. "나는 화가 났어/실망했어/절망했어/짜증스러워/의심스러워." 감정의 이름을 부르기만 해도 편도체의 활동이 줄어들고 감정의 강도가 떨어진다.[26] 자기감정을 알아차리고 정확히 표현할수록 긍정적 효과도 커진다. 모순된 감정도 마찬가지이다. "네 상황이 충분히 이해되어서 가슴이 아프지만, 그런 말을 들으니 정말 화가 나." 모순된 생각과 감정은 누구에게나 일어난다. 억지로 억누르지 말고 인정하고 허용하면, 감정도 내쫓기지 않으려 버둥대지 않고 알아서 사그라든다.

힘든 감정을 친구나 가족에게 털어놓는 것도 좋은 방법이다. 물론 토론 중에도 가능하다. 심장이 벌렁대고 맥박이 뛰거든 가만히 마음을 들여다보고 자신의 감정을 확인한 후 그 감정의 이름을 말해보자. 금방 감정이 가라앉을 것이다.

3. 배에 힘을 빼고 숨을 크게 들이쉰다

스트레스를 받으면 감정이 상할 뿐만 아니라 몸에도 이상이 생긴다. 정보를 부정적으로 평가한 편도체가 경고를 울려 스트레스 호르몬을 분비시키고, 그로 인해 자율신경계가 흥분한다. 자율신경계는 세 부분으로 이루어진다. 짧은 시간 안에 활성화되어 능률을 높이는 '교감신경', 안정과 휴식을 담당하는 '부교감신경', 소화를 조절하는 '장신경'이 그것이다. 교감신경은 위험을 느낄 때 활성화된다. 몸이 긴장하고 맥박이 상승하며 숨이 빨라지고 호흡이 얕아진다. 우리 몸이 도망치거나 싸울 준비 태세에 들어간다.

하지만 속수무책으로 이런 반응을 보일 수밖에 없는 것은 아니다. 노력하면 충분히 자율신경을 조절할 수 있다. 몸이 긴장한 것 같으면 즉각 응급처치에 돌입하자. 배에 힘을 빼고 숨을 깊게 들이쉰 후 최대한 천천히 내쉬어보자. 숨을 내쉬면 안정작용을 하는 부교감신경이 활성화된다. 숨은 코로 내쉬고 들이쉬어야 한다. 코 호흡만이 두뇌 능률을 높인다.[27]

숨을 깊게 쉬어 산소가 충분해진 두뇌는 다시 제대로 일할 수 있는 상태가 된다. 그러면 몸과 마음이 안정될 뿐 아니라 올바른 대답과 적절한 논리가 떠오를 확률도 높아진다. 그래야 나중에 제대로 대처하지 못했다는 후회로 괴로워하지 않는다.

4. 긍정적인 상상으로 '무엇'과 '누구'를 구분한다

"그런 생각을 하다니 나쁜 놈이네!" 이런 식의 주장은 벽을 쌓아 협력하는 대화를 방해한다. 악마화는 협상의 가장 큰 걸림돌이면서, 또 가장 많이 저지르는 실수이기도 하다. 누군가에게 화가 나면 우리는 그의 행동이 아니라 그 사람에 대해 화를 낸다. 그가 인정머리 없게 행동한 것이 아니라 애초에 인정머리 없는 인간인 것이다. 인종주의적 발언을 한 것이 아니라 인종주의자이고, 해로운 행동을 한 게 아니라 해로운 인간이다. 사람 자체를 인격화하는 실수이다. 사람을, 평소 그의 행동을 잘 알지도 못하면서 사람 자체를 잘못된 인격으로 만들어버린다. 한 번의 실수가 일반적인 단죄를 낳는다. 우리는 사람과 문제 행동을 구분하지 못한다.

우리가 이처럼 실수와 사람을 동일시하는 이유는 남의 잘못을 내면화하는 성향 때문이다. 다시 말해 상대의 실수를 그의 부족하거나 나쁜 성격 탓으로 본다. 하지만 자신이 잘못하면 자기 행동을 외면화한다. 그럴만한 이유가 있었고, 외부 상황 탓에 어쩔 수가 없었다고 말이다. 사회심리학에선 이것을 두고 ' 근본 귀인 오류fundamental attribution error'28라 부른다.

최악의 경우 우리는 상대에게 성급하게 꼬리표를 붙인다. 나르시시스트, 꼰대, 페미니스트…… 꼬리표는 상대에게서 인간성을 박탈하기에, 더 쉽게 그를 향해 분노의 불길을 뿜을 수 있다. 이를 두고 '일상의 비인간화'29라 부르며, 논쟁에서 아주 흔하게 볼 수 있다. 하지만 상대를 인간으로 보지 않으면 공감과 존중을 잃게 되고 사회적 공존을 지향하는 도덕적 사고를 버리게 된다. 상대는 인간이 아니라 실수가 인격화된 모습이기에 모욕의 문턱이 낮아져서 쉽게 비난할 수 있다. 상대는 감정과 성격과 이유를 가진 인간이 아닌 꼬리표로, 싸워 이겨야 할 적이 된다.

하지만 사람을 인간으로 존중하면서도 행동은 엄중히 책임을 물을 수 있다. 상대의 마음에 숨은 선을 보고 존중하는 마음으로 대화에 임하면 분노는 줄고 영향력은 커진다. 따라서 유명한 하버드 협상 전략도 이것이다. "사람과 문제를 분리하라!"[30] 어떻게 하면 분리할 수 있을까? '긍정적인 상상'을 이용하면 된다.

이야기를 바꾸어라 | '긍정적인 상상'은 타인과 당신에 관해 다른 이야기를 하는 방법이다. 때로 우리는 머리에 떠오르는 시나리오에 압도당해 비현실적인 상상에 빠져든다. 가령 친구가 당신에게 무언가 물어본다. 그런데 당신이 혼자 괜히 짜증을 낸다. '나한테 뭘 얼마나 기대하기에 주말에 저런 걸 묻는 거야? 지금 나더러 인맥을 총동원해서 해결책을 찾으라는 거야 뭐야?' 친구가 실제로 그걸 기대했을까? 아니면 하소연 삼아 물어보았을까? 당신이 해결해줄 수 없다는 사실을 알면서 물어봤다고 해서 그게 그렇게 큰 잘못일까? 상대를 잘 알지도 못하면서 억측을 하지는 않았을까? 그러니 자문해보아야 한다. 당신이 지금 친구에 대해 하고 있는 이야기가 과연 사실일까?

당신이 자신에게 들려주는 이야기가 당신의 기분을 좌우한다. 축구 경기가 끝나고 이긴 팀의 팬은 신이 나서 집으로 돌아간다. 진 팀의 팬은 화가 나서 집에 간다. 같은 사건을 두고 들려주는 이야기가 다를 뿐이다. 현실이 아니라 이야기가 우리의 감정을 만든다.

머릿속 시나리오와 다른 이야기를 해보자. 상대와 관련하여 이렇게 물어보자. 당신이 그에 대해 할 수 있는 가장 긍정적인 상상이 무엇일까? 노크도 없이 벌컥 사무실 문을 열고 들어온 동료는 예의가 없는 것이 아니라, 들은 정보를 얼른 당신에게 알려주고 싶어서 노크를 까먹었을지도 모른다. 미팅 때 계속 당신 말을 자른 동료는 무례한 것이 아니라 기억력이 나빠서, 생각이 났을 때 얼른 말을 하려고 당신 말을 자르고 끼어들었을 것이다.

바로 반응하기 전에 멈추고 고민하자. 어떤 행동에 관해 당신이 할 수 있는 가장 긍정적인 설명이 무엇일까? 물론 지금부터 절대 꼬투리 잡지 말고 따지지도 말고 허허실실 넘어가라는 말이 아니다. 그저 대화를 더 차분하게 이어가기 위해 감정을 가라앉힐 만한 최소 한 가지 긍정적인 설명을 떠올려보자는 말이다. 소통에서는 인간의 선을 믿는 마음과 비판적 사고의 상호 보완적 긴장이 필요하다.

물론 아름답게 이야기할 수 없는 사건과 태도도 많다. 모든 상황을 긍정적 설명으로 감싸줄 수는 없다. 긍정적 설명이 도저히 불가능할 때는 다음의 두 번째 방법을 사용해보자.

좋은 면을 떠올린다 | 두뇌는 틀에 박힌 생각을 좋아한다. 그래서 사람들의 행동을 관찰하며 틀을 만들어내려 고민한다. '저 사람은 좋은 사람인가 나쁜 사람인가? 나는 그를 좋아할까 싫어할까? 위험한 사람인가 안전한 사람인가?' 이런 사고의 틀 덕분에 뇌는 모든 정보를 하나하나 저울질할 필요가 없으므로 부담을 덜 수 있다.[31] 따라서 틀에 박힌 생각은 인간적이고 지극히 정상이다. 그것에 저항하여 세상 그 누구도 분별하지 않겠다는 결심은 힘들고 머나먼 목표이다.

생각의 틀을 버리자는 것이 아니다. 우리에게 필요한 것은 세상 사람들을 다시 그 틀에서 꺼내는 능력이다. 비도덕적이거나 나쁜 사람 같이 보이는 누군가와 토론할 때는 현실에서 선과 악이 칼로 자르듯 딱 구분되지 않는다는 사실을 되새기자. 모든 인간은 착한 면과 악한 면을 동시에 갖고 있다. 정말 꼴 보기 싫은 사람이라도 당신이 좋아할 만한 면이 한 가지 이상은 있다는 사실을 잊지 말자.

어떤 사람을 이상화하는 것은 좋지 않다. 이상화는 결국 실망밖에 주지 못한다. 악마화 역시 옳지 않다. 악마화는 협상과 논쟁에서 우리가 걸려들 수 있는 최악의 덫이다.[32] 상대와 협력적으로 의논하여 함께 해결책을 찾을 수 없게 만들기 때문이다.

세상 그 누구도 온전히 옳거나 틀리지 않다. 그 둘을 같이 보고 인정하여야 한다. 지금은 나쁜 점만 눈에 들어오더라도 적극적으로 좋은 점을 떠올려보자. 대화를 나누기에 앞서 이렇게 물어보자. '이 사람은 어떤 점이 칭찬할 만할까?' 지금 나눌 대화의 주제와 전혀 상관

없는 장점도 괜찮다.

　까탈스러운 동료가 지난 프로젝트에서 당신이라면 절대 떠올리지 못했을 신박한 아이디어를 내놓아서 감탄했던 기억이 난다. 또 어쩌면 그는 집에서 아이들과 잘 놀아주는 좋은 아빠일지도 모른다. 전화에 대고 고래고래 고함을 지르던 동료는 그림 실력이 뛰어나다. 예전에 그가 그린 그림을 보고 감탄했던 기억이 난다. 대화를 나누기 전에 상대의 장점을 미리 생각해두어서 대화를 나누다가 화가 날 때 떠올려보자.

5. 부정적인 면만 보일 때는 비상 브레이크를 건다

　갈등은 부정의 악순환을 불러온다. 미국 심리학자 폴 에크만Paul Ekman은 부정적 감정 상태에서 우리는 '불응기Refraktärphase'라고 주장한다. 불응기란 현재의 감정을 인정하는 정보만을 인지하는 정서적 고조 상태이다. 상대가 무슨 말을 하건, 어떤 행동을 하건 '전형적'일 뿐이고, 당신의 생각을 재확인할 뿐이다. 나의 해석이 옳은지 따져보는 것이 아니라 해석을 확인하는 것이 목표이기 때문이다.[33] 현재의 감정을 반박하는 모든 정보는 차단된다. 상대가 독선적인 이기주의자라는 느낌을 받았다면 이제 당신은 그 느낌을 확인하는 방향으로 그의 모든 말과 행동을 해석한다. 그의 행동을 '멍청이 필터'를 끼고서 바라본다. 따라서 무슨 말을 해도 상황은 악화 일로를 걷는다. 불응기는 몇 초로 끝날 수도 있지만, 상황에 따라 몇 시간씩 가기도 한다.

이때 필요한 것은 딱 하나이다. 멈추어서 악순환의 고리를 끊는다. 긍정적인 정보도 눈에 들어올 때까지, 혹은 의식적으로라도 긍정적인 평가를 내릴 수 있을 때까지 기다리자. 앞에서 배운 호흡 조절처럼 다른 기술을 이용해보자. 협상이 많이 힘들 때는 사이사이 쉬어가며 악순환의 고리를 자주 끊어줄 필요가 있다.

당신이 먼저 휴식을 제안하며 비상 브레이크를 당겨보자. "이 지점에서 진도가 잘 안 나가는 것 같습니다. 잠시 쉬었다 할까요?" 혹은 현재의 심정을 투명하게 알려도 좋다. "제가 지금 화가 났습니다/실망했습니다/당황스럽네요. 지금은 대화를 이어가기가 힘드니 나중에 다시 논의하는 것이 좋겠습니다." 미래의 관계에 부담을 주거나 나중에 후회할 결정을 성급하게 내리지 말고 잠시 짬을 두어 부정의 고리를 끊어보자.

1분의 휴식으로도 힘든 감정에서 빠져나올 수 있다. 계속 변명을 늘어놓거나 상대를 비난하지 말고 일어나서 창문을 열고 크게 숨을 들이쉬거나 커피 한잔을 나누어보자. 경험 많은 협상가는 이런 사소한 휴식을 적극 활용하여 감정을 조절하고 정보를 소화한다. 우리는 보고 들은 정보에 너무 빨리 반응하여 고민 없이 평가한다. 하지만 위장이 음식을 소화하는 데 시간이 걸리듯 우리 두뇌도 들어온 정보를 적절히 평가하는 데 소화 시간이 필요하다. 신중한 판단을 내릴 수 있을 만큼 시간을 충분히 주어야 한다.

6. 조명을 상대에게 돌린다

유난히 충격을 주는 말들이 있다. 우리와 우리의 자아상으로 동의할 수 없는 정보를 전달하는 말들이다. "애가 세 살도 안 되었는데 어린이집에 맡기다니, 나는 그런 엄마는 통 이해할 수 없어요. 자기가 키우지도 않을 거면서 애를 왜 낳아요?" 당신이 맞벌이하느라 아이를 일찍부터 어린이집에 맡겼다면 상대의 말이 가시처럼 마음 깊숙이 박힐 것이다. 졸지에 아이를 잘 보살피지 않는 무정한 엄마가 되어버렸으니 말이다.

사무실에서도 가슴을 찌르는 말이 있다. "어제 프레젠테이션은 정말 못 봐주겠던데. 준비를 얼마나 한 거야? 5분?" 그런 순간 자신과 상대와의 관계를 회의하는 의문이 떠오른다. '저 사람은 나를 어떻게 생각하는 걸까? 나를 멍청이로 보나? 내가 일을 대충대충 한다고 생각하나? 내가 게으르다고 생각할까? 아니면 내가 무슨 말을 들어도 찍소리 못할 사람 같은가?' 그러니까 한 마디로 이런 의문이 든다. "상대는 나를 어떻게 생각할까?" 이 질문에 따라오는 대답이 부정적이라면 상대의 말을 무시하기가 힘들어진다. 반사적으로 눈에 쌍심지를 켜고 변명을 찾고, 필요하다면 심한 말도 마다하지 않는다.

인격을 건드리는 말을 들었다면, 그 말이 제아무리 선의에서 나왔다 해도 '인신공격으로 생각하지 마라'는 조언은 아무 소용이 없다. 실제로 그 말이 명백한 인신공격이라면 더 말할 나위가 없다. '파란 코끼리를 생각하지 마라'는 말과 비슷하다. 그 말을 듣는 순간 우리는 이미 파란 코끼리를 떠올린다. 하지만 '파란 코끼리 말고 초록 코끼리를 생각하라'고 하면 대안이 생긴다.

그렇다면 어떻게 해야 상대의 공격을 인신공격으로 받아들이지 않을까? 당신에게 향한 조명을 상대에게로, 그 사람이 진짜 하고 싶었던 이야기로 돌리면 된다. '그래, 정말 화가 났나 보다. 그 일이 그 정도로 중요했던 거야. 안 좋은 경험이 있었을까? 그 기억이 떠올랐을까? 나쁜 결과가 나올까 봐 겁이 났을까? 왜 그렇게나 흥분했을까? 그 문제에만 화가 났을까 아니면 다른 문제도 있는 걸까?'

상대의 심정이 어떤지 물으며 조명의 방향을 그에게 돌리면 당신은 관심 밖으로 밀려난다. 또 당신 스스로 그 말의 원인이 당신의 행동이 아닌 상대의 문제에 근거한다고 생각하게 된다. 물론 이 방법을 부풀려 일체의 비판을 귓등으로도 듣지 않고 근거 없이 상대를 의심해서는 안 된다. 앞서 배웠듯 무조건 상대의 정신건강을 의심해서는 안 된다. 그저 상대를 조금 더 이해하여 나의 감정을 조절하겠다는 목적으로만 사용하여야 한다.

상대가 한 말의 내용으로 관심의 방향을 돌리는 것도 한 가지 방법이다. 그의 판단은 어떤 정보에서 나온 것일까? 그가 어려움을 느끼는 구체적인 지점은 어디일까? 가령 프레젠테이션에 대한 기업의 가이드라인이 있는가? 다른 모범 사례는 없을까? 프레젠테이션에서 할 것과 하지 말아야 할 것은 무엇인가? 이번 프레젠테이션이 모델을 제시하고 기준을 정할 계기가 될 수 있을지도 모른다. 이렇듯 정보를 수집하여 상대의 진짜 문제를 밝히는 데 주력하면 자신에게 쏠린 관심을 상대에게 돌릴 수 있다. 혹시라도 오해가 있다면 찾아내서 풀 일이고, 상대의 요구에 담긴 진정한 의미를 파악한다면 그에 맞추어 대처하면 될 일이다.

7. 고집쟁이와도 자주 이야기를 나눈다

나와 생각이 다른 사람은 될 수 있는 대로 피하고 싶다. 언쟁이 될 만한 문제는 함구하고, 아예 접촉을 안 하는 편이 편히 사는 지름길인 것 같다. 하지만 생각이 다른 사람을 전혀 만나지 않으면 자기 입장을 끝까지 지키는 능력도 잃는다. 힘든 상황을 요리조리 피하면 회복 탄력성을 키울 수 없다.

그러니 끼리끼리만 어울리지 말고 가끔은 나와 생각이 다른 사람과도 대화를 나누어보자. 재수 없어도, 짜증 나도 참고 그들의 말에 귀를 기울여보자. 같이 3박 4일 여행을 할 것도 아니지 않은가? 잠깐의 대화쯤이야 충분히 견딜 수 있다. 연습 삼아 해보자. 연습이니 반드시 이겨야 할 필요도 없다.

8. 거리를 두어야 할 땐 비상 깜빡이를 켠다

"동성애, 뭐 좋아. 하지만 부자연스럽잖아. 그런 인간은 안 보고 살았으면 좋겠어." 헉! 뭐라 할 말이 없다. 상대의 입장과 그 입장을 표현하는 방식이 너무도 무례해서 도저히 호응할 수가 없다. 상대는 혼자 화가 나서 주절대지만, 도저히 공감할 수 없다. 이럴 때는 이렇게 생각해보자. '저게 저 사람한테는 최선일 거야.'

그도 달리 어쩔 도리가 없는 것이다. 특히 가치관이 중요한 문제에서는 누구나 고집불통이 되기 쉽다. 누군가의 행동이 도무지 이해되지 않을 때는 그 역시 선의 이름으로 행동한다고 믿는다는 사실을 잊지 말자. 그는 그렇게 자랐고 그렇게 배웠기에 자신의 가치관이 최선이라고 생각한다. 따라서 그는 나쁜 사람이 아니다. 어쩌면 그도 속으로는 너무 혼란스럽다 보니 그런 반응을 보였을 지도 모른다. 물론 그의 말이 잘못되었을 수 있다. 하지만 이렇게 생각하면 그의 말에 감정적인 거리를 둘 수 있다.

그렇다고 무조건 상대방을 저럴 수밖에 없는 딱한 인간 취급하는 건 오만한 짓이다. '쯧쯧. 저것밖에 안 되는 인간인 거지. 아는 게 있어야 말이지.' 상대는 문제가 있는 인간이니 더 들을 필요도 없다! 이런 식의 태도는 어떤 대화나 논의에도 득이 되지 않는다.

그러니 비상 깜빡이는 나와 다른 의견을 묵살하는 데 쓰지 말고 감정을 조절할 때만 켜도록 하자.

66

4.

나의 반론이
먹히지 않았던
사소한 이유

99

믿을 만한 근거가 아닌
믿을 만하게 들리는 근거

어떻게 설득해야 대기 줄에서 양보를 받아낼 수 있을까? 심리학자 엘런 랭어Ellen Langer는 그 방법이 궁금하여[1] 하버드대학교 도서관 복사기 줄로 실험 참가자를 보냈다.

첫 번째 실험에서는 참가자가 이렇게 물었다. "죄송하지만, 제가 다섯 페이지를 복사해야 해서요. 제가 먼저 할 수 있을까요?" 응답자의 60퍼센트가 그러라고 했다. 두 번째 실험에서는 질문을 바꾸었다. "죄송하지만, 제가 다섯 페이지를 복사해야 하거든요. 급해서 그러는데 제가 먼저 할 수 있을까요?" 무려 94퍼센트의 응답자가 양보를 해주었다. 이유가 썩 좋지 않았는데도 말이다. 급하지 않은 사람이 어디 있는가? 세 번째 실험에서는 이렇게 물었다. "죄송하지만 제가 다섯 페이지를 복사해야 하는데요. 복사를 해야 해서 그러는데 제가 먼저 할 수 있을까요?" 아무 의미도 없는 순환논

법이지만 1퍼센트가 줄어든 93퍼센트가 양보를 했다.

　이 연구 결과가 널리 인용되는 이유는 근거의 엄청난 힘을 입증하기 때문이다. 굳이 좋을 필요도 없다. "꼭 믿을 만하지 않아도 된다. 믿을 만하게 들리기만 하면 된다." 수사학에서 이 말을 자주 하는 이유도 그 때문이다.

　물론 항상 그렇지는 않다. 참가자가 두꺼운 종이뭉치를 들고 가자 대기 줄에 선 사람들이 양보해주지 않았다. 그러니까 부탁이 과하거나 근거가 충분치 않을 때는 통하지 않는다. "…… 하니까 X를 해야 한다"나 "……를 위해 X를 해야 한다" 정도의 표현은 근본적으로 나쁘지 않다. 하지만 상대가 의심할 만한 근거를 대거나 현명하게 포장하지 못했을 때는 통하지 않는다.

사람은 욕망에 따라 혹하는 지점이 다르다
: 누구에게 어떤 논리로 접근할 것인가?

기업이라면 급변하는 세상에 발맞추어 변화를 모색할 시점을 마주하게 마련이다. 건물 리모델링 같은 실질적 변화부터 소프트웨어나 신기술 개발, 조직 개편, 구조조정, 유연 근무제 같은 기술과 제도적 변화에 이르기까지, 기업은 항상 변하는 세상과 손잡고 나아가야 한다.

그러나 변화를 이끌어본 사람이라면 잘 알겠지만, 모두가 변화에 환호하지는 않는다. 그래서 기업 입장에서는 직원들에게 새로운 조치의 정당성을 설득하는 문제가 크게 다가온다. 고전적인 방법에선 조치를 자세히 설명하고 그 조치가 가져다줄 부가가치를 선전한다. 변화에 빠르게 대응할 수 있고 현대식 사옥으로 이미지를 개선하며 작업 과정을 단축한다는 식으로 장점을 강조한다. 그래도 의심의 눈길을 거두지 않고 못마땅한 반응을 보이는 직원들이 있다 보니, 기업은 별도로 모티베이션 트레이닝을 마련하는 등 그들의 자발성을 이끌어내려고 노력한다. 하지만 그런 노력도 통하지 않는 사람이 있다. 정말 좋아지기는 하는지, 정확히 무엇이 변하는지 따져 물으며 도무지 신통치 않다는 반응이다. 그쯤 되면 동료들도, 회사도 손발 들고 항복한다. "뭐, 어쩌겠어. 어디나 불평 꾼은 있는 법이니!"

의심의 핵심을 건드리지 않는다면 이익을 강조하는 논리는 무의미하다. 왜 상대가 의심하는지, 상대가 무엇을 추구하는지를 알아야 그에 딱 맞는 논리를 찾을 수 있다.

사람은 다 다르다

리만 토만 모델Riemann Thomann Modell은 사람을 이해하고 평가할 때 도움을 주는 방향잡이다. 심리학자 프리츠 리만Fritz Riemann은 일찍부터 인간이 불안에 쫓기고, 부정적인 것을 피하려 애쓴다는 사실을 깨달았다. [2] 죽음과 질병에 대한 불안과 건강·인정·자기효능감의 욕망과 함께 인간에게는 네 가지 원초적 불안이 더 존재한다. 인간은 혼란에 대한 불안 탓에 질서의 욕망을 느끼고(지속성), 멈출지 모른다는 불안 탓에 변화의 욕망을 느끼며(변화), 외로울까 불안하여 사람을 찾고(관계), 의존할까 불안하여 독립의 욕망을 느낀다(거리).

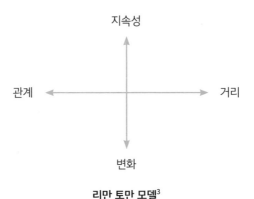

리만 토만 모델[3]

이들 욕망은 위와 같이 두 개의 축에 자리하며, 대개는 한쪽 극단으로 치우친다.

지속성의 극단 - 안전과 질서 | 이런 성향의 사람들은 안전을 추구한다. 사소한 부분에 신경을 많이 쓰고 체계적인 사고로 혼란한 틈에서도 질서를 구축하려 한다. 또 매사에 정확하여 모든 일을 세세한 부분까지 밝히려 한다. 이들에겐 규칙과 약속을 지키지 않는 사람이 제일 악몽이다. 이들은 통제할 수 없는 상황에 혼란에 빠질까 봐 늘 불안하므로, 모든 변화에 일단 의심의 눈길을 던지고 단단히 준비를 마친 다음에야 변화의 물길에 오르려 한다. 금융이나 회계 쪽 직업군에 많이 분포하는 유형으로, 심하면 '따분한 원칙주의자'가 된다.

변화의 극단 - 다양성과 창의성 | 이런 성향의 사람들은 변화와 흥

분을 추구한다. 재미난 이야기꾼이기에 인기가 많다. 따분한 상대의 이야기를 듣기보다는 자기가 이야기를 하는 편이 훨씬 좋다. 그러나 가끔은 자기 이야기에 너무 심취하여 과장을 심하게 하고, 남들이 "말도 안 된다"며 고개를 갸웃해도 잘 알아차리지 못한다. 이들은 가만히 멈추어 있는 상태를 질색한다. 그래서 자신의 창의성을 제약하지 않는다면, 근본적으로 모든 변화를 두 팔 벌려 환영한다. 누군가 자신의 사지를 묶는다면 그야말로 끔찍한 악몽이다. 광고회사 같은 창의성이 필요한 직업군에 많으며, 심하면 '혼돈의 모험가'가 된다.

관계의 극단 - 관계와 접촉ㅣ 이런 성향의 사람들은 사람을 좋아하고, 혼자가 될까 봐 늘 불안하다. 처음 만난 사람한테도 스스럼없이 개인적인 이야기를 털어놓지만, 그런 지나친 솔직함이 때로 상대에게 부담을 주기도 한다. 거절과 거부가 최악의 악몽이다. 따라서 변화를 맞이할 때도 긍정적인 관계의 유지를 최우선으로 삼는다. 남을 돌보는 사회적 직업군에 많으며, 극단으로 흐르면 자신을 버리고 남의 비위만 맞추는 '타인 만족가people pleasure'가 된다.

거리의 극단 - 독립과 자유ㅣ 이런 성향의 사람들은 자기 결정권과 자유를 추구한다. 얽매일까 봐 늘 불안하므로, 타인과의 심리적·물리적 거리를 중요시한다. 멀찍이 객관적으로 바라보며 지성적 시각을 유지하려 한다. 따라서 묻지도 않고 마구 다가오는 사람이 최악의 악몽이다. 거리를 유지하면 이쪽에서 먼저 알아서 다가간다.

독립적으로 일하고 결정을 내릴 수 있는 직업군에 많고 극단으로 흐르면 '냉정한 외톨이'가 된다.

어떤 논리가 누구에게 맞나?

────

상대가 어떤 사람인지를 알면 맞춤 논리로 그의 마음을 움직이기도 쉽다. 원칙주의자에게 필요한 정보가 모험가에게도 먹히지는 않는다.

앞서 설명한 변화의 조치를 예로 들어 맞춤 논리를 찾아보자.

- 지속성을 바라는 사람은 이런 고민을 한다. '잘 따져보고 내린 결정일까? 얼렁뚱땅 만든 것은 아니겠지? 어떤 과정을 거칠까? 계획은 있나? 혼란이 없으면 좋겠다.'
- 변화를 좋아하는 사람은 이런 고민을 한다. '앞으로도 내가 원하는 시간에, 내가 원하는 방식으로 일할 수 있을까? 규칙이 더 엄격해지면 안 되는데……'
- 관계를 즐기는 사람은 이런 고민을 한다. '지금 동료들과 거래처를 유지할 수 있을까? 새로운 사람들을 만나도 지금처럼 잘 통하면 좋겠는데.'
- 거리를 중요시하는 사람은 이런 고민을 한다. '같이 일할 사람들이 능력이 있어야 할 텐데. 잠시 혼자 쉴 수 있는 장소가 있을까? 대형

사무실에서 일하면 어쩌지? 차분하게 업무를 처리할 수 있어야 할 텐데.'

기업의 일반적인 논리는 이런 고민에 화답하지 못한다. 따라서 직원들의 불안과 의혹은 계속된다. 상대의 행동 동기를 지나치는 실수를 저지르지 말자. 당신에게 중요한 동기가 상대에게도 중요하지는 않다. 상대의 세상으로 들어가서 상대에게 통할 맞춤 논리를 골라보자.

1. 욕망 분석

상대는 어떤 불안과 저항감을 느낄까? 상대의 욕망과 관심사는 무엇인가? 리만 토만 모델을 이용해도 좋지만 굳이 그것까지 동원하지 않아도 된다. 이야기를 나누어보고 질문을 던지고 상대의 대답을 귀 기울여 듣는다면 그의 구체적인 관심사를 파악할 수 있다.

2. 욕망 충족

상대의 욕망과 관심사에 응하라. 그 욕망을 채워주고 불안을 잠재울 논리를 선택하자.

걱정과 욕망에 따른
맞춤 논리

———

이제 각각의 고민에 맞게 변화를 설득할 수 있는 논리를 찾아 보자.

- 지속성을 바라는 사람에게는 이런 점을 강조한다. "이번 구조 개혁은 시대 변화에 따른 어쩔 수 없는 조치입니다. 그렇다고 다 바뀌는 건 아니고 이런저런 부분은 그대로 유지할 겁니다. 초기 약간의 혼란은 어쩔 수 없겠으나 철저한 계획하에 실시하는 조치이니만큼 너무 걱정할 필요는 없을 겁니다."

- 변화를 좋아하는 사람에게는 이런 점을 강조한다. "이번 구조 개혁은 업계 선두주자로 발돋움하기 위한 과감한 조치입니다. 일부에서 부서 이동과 업무 변화가 있겠지만, 회사는 앞으로도 모든 직원이 가진 역량을 한껏 발휘할 수 있도록 힘껏 도울 것입니다."

- 관계를 즐기는 사람에게는 이런 점을 강조한다. "이번 구조 개혁의 목표는 부서 간 소통과 협력의 개선입니다. 일부 부서가 통폐합되더라도 부서 이동으로 인한 직원들의 혼란을 최소화하고, 밝은 분위기 조성하고자 회사가 힘껏 노력하겠습니다."

- 거리를 중요시하는 사람에게는 이런 점을 강조한다. "이번 구조 개혁은 개인에게 재량권을 더 많이 주기 위한 조치입니다. 조용히 미

팅을 하거나 혼자 업무를 볼 수 있는 공간도 마련할 예정입니다. 혹시 좋은 아이디어가 있을까요?"

이런 논리가 먹히려면 실제로도 개개인의 욕망을 충족시켜줄 수 있어야만 한다. 설사 완벽하게 욕망을 충족해주지는 못하더라도 자신의 욕망을 고려해주었다는 사실 하나만으로 직원들의 만족감은 크게 올라갈 것이다.

판매를 할 때도 마찬가지이다. 상대의 세상에서 중요한 논리를 고르려면 상대가 중요하게 생각하는 지점을 알아야 한다. 가령 당신이 키친 스튜디오 운영자라고 생각해보자. 손님이 관계를 중요하게 생각한다면 오픈 주방을 보여주며 우리 주방에서는 사람들과 어울릴 수 있다는 점을 강조하면 된다. 거리를 지키려는 손님에게는 인증마크가 붙은 고가의 주방기구를 강조한다. 아무 데서나 볼수 없는 기구이며, 아마추어도 프로로 만들어주는 고품격 기구라고 말이다. 지속성을 추구하는 사람이라면 커다란 상부 수납장이 마음에 쏙 들 것이다. 등이 붙어 있어 청소하기도 좋다. 또 인덕션에 붙은 전원 자동 차단 장치는 혹시 모를 화재를 예방하며, 오픈 형태라서 요리를 하면서 아이들을 볼 수 있다는 장점도 있다. 변화를 좋아하는 사람에게는 에너지 효율성이 좋아 요리 시간을 단축하는 인덕션을 특히 강조하면 된다. 모든 사람에게 주방의 모든 장점을 다 열거할 필요가 없다. 고객 한 사람 한 사람이 중요하게 생각하는 특징을 중점적으로 소개한다면, 설명 시간도 절약되고 효율성도 높아진다.

IT 기업의 한 직장인이 작업용 소프트웨어 신제품이 출시되었다며 좋아한다. 동료는 같이 좋은 척하지만 사실 별로 기쁘지가 않다. 새로 다 바꿀 생각을 하니 골치가 아프다. 그런 동료에게는 신제품이 업무를 훨씬 덜어주고 갑작스러운 다운 현상까지 해결했다는 점을 강조하면 훨씬 큰 호응을 얻을 수 있다. 사장에게는 신제품이 업무 효율성을 높여 매출 증가에 이바지한다는 점을 강조하면 된다.

영업용 회사 차가 너무 낡아서 바꾸고 싶다. 차가 고장 나서 길에서 주저앉을까 봐 걱정이라는 말은 이미 다른 사람들도 여러 번 했을 것이다. 따라서 사장의 관점으로 깨끗하고 품위 있는 차가 기업 이미지를 개선한다는 논리를 펼칠 때 훨씬 더 설득력이 있을 것이다.

아이에게 내일 아침에 기분 좋게 일어나려면 이제 그만 자야 한다고 설득해보라. 아마 아이는 내일 아침 기분 따위에는 관심이 없을 것이다. 그러니 아이의 세상으로 들어가서 이런 논리로 설득해보자. "빨리 자야 내일이 빨리 오지."[4]

경고 알람을 울려서
행동을 촉발한다

━━━━

사람들은 어떤 제안의 긍정적인 면보다 자신에게 해가 될 것 같은 부정적 측면에 더 강하게 반응한다.

소프트웨어 기업의 영업사원이 영업 교육을 받으라는 팀장의 권고를 거부한다. 자신은 이미 프로이므로 그런 트레이닝 따위는 필요 없다고 주장한다. 새로운 영업 방식을 가르치고, 유명 전문가가 추천한 프로그램이라고 설득해도 안 통한다. 마지막으로 팀장이 이 한마디를 던진다. "그러다가 후배들한테 뒤처지면 어쩌려고 그래요." 다음날 영업사원은 한번 들어나 보겠다는 말로 참가 의사를 밝힌다.

불안이 가장 효과 있는 설득 기술 중 하나라는 사실은 이미 충분히 입증되었다.[5] 타고나길 부정적 결과를 겁내는 인간은 불안이 매우 강하다. 그래서 "이스라엘 여행 베스트 팁"이라는 제목보다는 "이스라엘에서 관광객 습격을 피하는 법"이나 "이스라엘 안전 여행법" 같은 제목이 훨씬 더 흥미를 끈다. 여행 중에 어떤 일이 일어날지 모른다는 불안을 들쑤신 결과이다.

상대의 마음에 이미 자리 잡은 불안을 반박할 때도 불안을 이용할 수 있다. 가령 예방접종의 후유증이 겁나서 아이에게 접종을 시키지 않는 엄마에게는 예방접종의 장점을 강조해서는 먹히지 않는다. 불안의 효과가 너무도 강하여 긍정적인 결과가 귀에 들어오지 않는다. 따라서 다른 불안을 들이대는 방법이 더 효과적이다. 즉 예방접종을 하지 않았을 때 일어날 수 있는 일이나 접종을 하지 않은 다른 아이들에게 일어난 일, 그래서 예방접종을 하면 예방하게 될 일을 설명하는 것이다.

물론 불안 조장이 비현실적이어서는 안 된다. 대화를 시작하기 전 가만히 따져보자. 당신이 상대의 무엇을 지켜줄 수 있는가? 당신의 제안을 거부할 경우 그가 잃을 것이 무엇인가? 그 후 경고 알람을 울려보자. "우리가 X를 하면 Y를 예방합니다." 혹은 "우리가 X를 안 하면 Y가 일어납니다." 리만 토만 모델을 이용해 개개인의 경고 알람을 찾아보자. 지속성을 좋아하는 사람은 변화가 시작되면 경고 알람이 울린다. "업무 담당이 불확실해질 수 있으니 그것을 막자는 겁니다. 벌써 그런 조짐이 보이거든요. 그래서……" 변화를 추구하는 사람에게는 "지금 때를 놓치면 재량권이 줄어듭니다"라는 논리가 자유를 구속당할 수도 있다는 그의 불안을 자극할 것이다.

서비스를 판매할 때도 불안의 알람을 울려보자. "저렴한 가격이 매력적이긴 하지요. 그래도 싼 게 비지떡이라는 말도 있잖습니까? 가격만 보고 결정하셨다가 나중에 서비스가 너무 수준 이하여서 후회할 수도 있습니다." 이런 말을 들으면 고객은 더 둘러보며 싼 제품을 찾으려던 마음을 접을 것이다.

단, 앞에서도 말했듯 이 기술이 긍정적 효과를 내려면, 상대가 경고를 듣지 않았을 때 당신이 말한 부정적인 결과가 실제로도 나타나야 한다.

낙인을 찍지 말 것

리만 토만 모델은 '인간 유형'이 아니라 우리 모두에게 숨어 있는 극단의 성향을 대변한다. 그 성향은 상황과 환경에 따라 변한다. 한 사람에게도 수많은 면이 있다. 앞서 네 가지 극단을 읽으면서 나는 어디에도 해당하지 않는다고 생각했을 수도 있다. 우리는 상황에 따라 다르게 행동하기 때문이다. 회사에서는 꼼꼼하고 정확하지만(지속성) 집에 오면 엉망진창이고 제멋대로(변화)이다. 애인이랑 있을 때는 다정하지만(관계), 회사에서는 동료들과 거리를 둔다(거리). 여행을 할 때는 안 가본 장소를 좋아하지만(변화), 투자를 감행할 때는 안전을 먼저 생각한다(지속성).

따라서 상대의 행동은 늘 상대적으로, 즉 환경과 그 순간에 따른 반응으로 보아야 한다. 마찬가지로 리만 토만 모델은 '어떤 사람이 일반적으로 어떠한가'를 묻지 않는다. '어떤 사람이 이 순간 이 상황에서 무엇이 필요한가'를 묻는다.

Tech 16 맞춤 논리

1. 욕망 분석
상대의 불안과 그 불안으로 인한 욕망과 관심을 확인한다.

2. 욕망 충족
불안을 덜어주고 욕망을 충족시켜 줄 논리를 고른다.

• "(불안)을 없애기 위해서는 _____가 필요합니다."
• "_____가 (욕망 충족)에 도움이 됩니다."

3. 상대의 불안을 노려 맞춤 경고 알람을 울린다.
• "X를 하면 _____는 안 일어납니다."
• "X를 안 하면 _____가 일어납니다."

반론은 빨리 대처할수록 좋다
: 약점을 강점으로 만드는 '예변법' 기술

팀장이 전단지 디자인을 의논하려고 미팅을 소집한다. 팀원들은 시큰둥하다. 요즘 같은 시대에 누가 전단지를 보나? 온라인 광고가 훨씬 효과적일 텐데 말이다. 미팅이 시작되자 팀장의 눈에 불만에 찬 표정들이 들어온다. 팀장은 속으로 생각한다. '이럴 땐 반론이 시작되자마자 곧바로 반박 논리를 들이밀어야 한다!'

그러나 팀장의 생각은 틀렸다. 상대가 일단 반론을 뱉으면 마음을 돌리기가 더 힘들다. 일단 뱉은 의견은 입 밖으로 나오지 않은 의견보다 반박하기 힘들다.[6] 그 말을 들은 사람이 많을수록 효과는 더 커진다. 따라서 반론은 최대한 미리 막는 것이 상책이다. 아예 입 밖으로 나오기 전이라면 제일 좋다. 당신이 먼저 상대의 반론을 낚아채면 상대는 더는 그 반론을 고민할 이유가 없으므로 쉽게 포기한다. 또 당신이 이미 충분히 고민하여 양쪽 입장을 조목조목 다 따져보았다는 느낌을 받는다. 거기에 첫 마디에 "물론 안 된다고 하실 테지만……" 같은 부정적인 가정을 담으면 추가 효과까지 곁들여진다. 부정적인 가정을 들으면 사람들은 그것을 곧바로 바로잡으려 한다. 따라서 예변법procatalepsis은 반대부터 하고 보는 투덜이들에게 특히 잘 먹힌다. 나귀를 끝까지 데려가려면 때로는 잠깐 원치 않는 방향으로 이끌기도 해야 하는 법이다.

선수를 치다

그러니까 선수를 치는 것이 이 방법의 묘미이다. 상대는 어떤 반론을 준비할까? 그 반론을 당신이 먼저 말하라. 이 기술의 영어 이름은 'Procatalepsis'이다. 그리스어에서 온 이 말은 '앞지르다', '앞서 하다'라는 뜻이다. 대화를 나누기 전에 미리 상대가 무슨 말을 할지 고민한 후 반론을 가능한 한 앞질러 말하면서 말문을 연다. "우리가 왜 하필이면 그런 고객들을 상대하는지 아마 궁금할 겁니다. 여러 이유가 있는데요……", "다들 바쁘실 테니 시간을 효율적으로 활용하고자 합니다." 당신이 먼저 반론을 내뱉어 공개했으므로 상대는 군이 그 반론을 되짚을 이유가 없다. 또 당신이 먼저 이해심을 보이므로 당신의 반론에도 마음을 연다.

앞의 사례에서 팀장은 이런 말로 미팅을 시작한다. "온라인 광고매체가 수두룩한 시대에 왜 전단지를 택했는지, 다들 궁금할 겁니다. 그래서 먼저 그 이유부터 설명하겠습니다." 시큰둥한 표정에 호기심과 동조의 빛이 서린다. 직원들이 마음을 열고 팀장의 다음 논리를 기다린다.

이런 상황도 한번 상상해보자. 당신이 지금 일정 때문에 스트레스를 왕창 받고 있다. 동료가 톡톡 당신의 어깨를 두드리며 말한다. "우리 지금 카페테리아로 내려가서 일정 조율할 거야." 아마 당신은 자리에 그대로 남아 있을 것이다. 하지만 그가 이렇게 말하면 어떨까? "정신없지? 힘들겠다. 그래도 잠깐 같이 카페테리아 내려가서 일정 조율 좀 하면 어때?" 동료가 당신의 상황에 이해심을 보이면 당신의 마음도 움직일 것이다.

예전에 고객 일정을 자기 마음대로 정하는 동료가 있었다. 남들이 뭐라고 하건 말건 항상 자기 일정이 먼저였다. 어느 날 다른 동료가 그에게 가서 이렇게 운을 떼었다. "아마 자기 일정이 정해져 있어서 안 된다고 할 테지만……" 그의 입에서 놀라운 말이 튀어나왔다. "아냐, 아냐, 괜찮아. 말해봐."

자신의 아이디어에 확신이 없어서 사람들이 무시할까 봐, 반박할까 봐 노심초사하는 사람일수록 이 기술이 잘 통한다. 대화가 시작되자마자 약점처럼 보이는 지점을 제거함으로써 강점으로 만들 수 있다. 물론 잠자는 사자의 코털을 건드려서는 안 된다. 현실적이고 근거 있는 의심만 건드려야지 있지도 않은 반론을 억지로 지어내서는 안 된다.

Tech 17 예변법

상대의 의혹과 반론을 예상하여 상대가 입을 열기 전에 선수를 친다. 상대는 당신의 논리에 마음을 연다. 대화를 시작하기 전에 예상되는 반론을 고민해보자. 어떤 의혹과 반론에 부딪힐까? 그 반론을 먼저 말한 후 당신의 논리로 넘어가자.

• "분명 (의혹)을 생각하셨을 겁니다. 그래서 그 지점부터 짚고 넘어가려고 합니다."
• "시간/돈/여유가 없을 테지만, 저의 제안에는 흥미를 느끼실 겁니다."

주제, 논리, 결론 순으로 말하라
: 제 잘난 맛에 사는 사람을 따르게 하는 TAC 기술

전문 지식도 없으면서 자기가 제일 똑똑하다고 자부하는 사람이 수두룩하다. 월드컵 경기가 열리면 수백만 축구 팬이 하나같이 자기 전략이 감독보다 백배 더 낫다고 핏대를 세운다. 코로나 시절에는 모두가 의사가 되어 가지각색 처방을 내렸다. 정치가가 잘못된 결정을 내리면 온 국민이 달려들어 그를 인간말종으로 만든다. 선무당이 사람 잡는다는 말이 있다. 사람들은 자신이 전문가보다 훨씬 잘 안다고 굳게 믿는다.

이런 현상을 더닝 크루거 효과Dunnig-Kruger effect라고 부른다. 미국 심리학자 데이비드 더닝David Dunning과 저스틴 크루거Justin Kruger는 무능한 사람이 자기 지식을 과대평가하는 경향이 있다는 사실을 알아냈다. 무능한 사람이 유능한 사람보다 더 자신을 굳게 믿는다. 무지한 사람은 자기가 무지하다는 사실을 모른다. 잘 아는 사람은

자기가 잘 모른다는 사실을 안다. 어떤 주제이건 깊이 파고들수록 문제가 얼마나 복잡한지 깨닫는 법이다. 그래서 잘 알지도 못하면서 저 잘난 맛에 사는 인간과 토론하기란 정말이지 고단하다. 다들 주변에 그런 사람이 하나쯤 있을 것이다. 자기만 옳다고 믿기에 다른 사람 말은 들으려고도 하지 않는다.

당신이 팀장에게 신제품 소프트웨어 사용을 설득하려 한다. 가격도 비싸지 않고 사용도 간편해서 여러모로 이득이다. 그런데 팀장이 소프트웨어 개발자에 관한 안 좋은 소문을 어디서 들었다. 자세한 사정은 모르지만 그가 나쁜 놈이라고 철석같이 믿고 있다. 당신이 처음부터 개발자 이름을 입에 올린다면 대화가 얼마나 갈 것 같은가? 당신이 무슨 말을 하건 대답은 "No"다. 당신이 이렇게 시작하는 편지를 받았다. "이런 소식을 전하게 되어 유감스럽지만⋯⋯" 정성껏 읽겠는가? 뒤는 안 읽어도 뻔하기에 편지를 접어버릴 것이다. 상대가 우리 의견에 반대한다는 사실을 알아차리는 순간, 우리는 비판의 칼날을 갈기 시작한다. 쿵! 소통의 문은 닫힌다.

심리학에서는 너무나 잘 알려진 현상이다. 우리는 자기 신념에 어긋나는 정보는 심히 불신하거나 아예 거부하려는 경향이 있다. 그런 정보는 '너무 적고', '너무 크며', '너무 낡았다'[7]고 생각한다. 고로 사실이 '소문'에 불과하다고 믿는다. 이런 현상을 전문용어로는 '비확증 편향disconfirmation bias'[8]이라 부른다. 반대로 자기 생각을 인정하는 정보에는 많은 증거를 요구하지 않는다.

제 잘난 맛에 사는 사람을
설득하는 법

이런 사람과는 대화를 의도적으로 이끌어 상대가 당신에게 마음을 열도록 만들어야 한다. 논리의 근거도 중요하지만, 그것을 어떻게, 언제 제시하느냐도 못지않게 중요하다. 일단 목적을 숨기자. 먼저 주제Thema를 제시하고 논리Arguments를 들이댄 후 마지막에 논리에서 나온 요구사항Conclusion을 던진다.

1. 주제Thema나 서론Teaser
반발을 일으킬 구체적인 요구는 숨긴 채 주제나 새로운 소식을 먼저 알린다.

2. 논리Arguments
논리를 댄다. 먼저 스스로 이렇게 물어 논리를 찾아보자. '내 요구의 이점이 무엇인가?' 혹은 '내 요구나 부탁으로 생길 문제가 있을까?'

3. 결론Conclusion
요구나 부탁을 하거나 정보를 알린다. 이때 요구는 앞의 논리에서 나온 것이어야 한다.

이 방법으로 접근하면 상대는 당신의 논리가 자신의 것과 달라도 아마 고개를 끄덕일 것이다. 일단 브레이크 없이 당신의 논리를 머릿속에서 되새길 수 있기 때문이다. 당신이 요구부터 내밀었다면, 그러니까 대화가 어느 방향으로 흘러갈지 알았더라면 상대는 당신의 모든 논리에 무조건 반박부터 했을 것이다.

이 기술에서 사용할 논리는 아무리 많아도 세 가지를 넘지 말아야 한다. 그래야 빨리 요점으로 들어갈 수 있고, '숫자는 적지만 가장 강력한 논리'가 갖는 설득력을 적극 활용할 수 있다. 연구 결과를 보면 논리가 세 가지를 넘어가면 오히려 해가 될 수 있다.[9] 상대가 부담을 느끼거나 그중에서 가장 약한 논리를 골라내어 반박할 수 있기 때문이다. 덧붙여 가장 강력한 논리를 마지막에 들이미는 편이 좋다. 그래야 그 논리가 다음에 올 요구와 바로 이어진다.

TAC는 '예스로 들어가는 깔때기'이다. 상대가 당신의 결론에 절로 동의하게끔 대화를 이끌어간다. 앞에서 살펴본 소프트웨어 신제품을 예로 들면 다음과 같은 모양새가 될 것이다.

1. **주제(T)** : 그래픽 결과물은 품질이 중요하다.
2. **논리(A)** : 고객 만족도는 컬러 디자인이 좌우한다. 그러자면 높은 해상도가 필수이다(A1). 또 언제 어디서나 사용 가능해서 출근 시간이나 쉬는 시간을 짬짬이 활용해 작업할 수 있다면 매우 유익할 것이다(A2). 마지막으로 악성 바이러스 방지 장치도 뛰어나야 한다(A3).
3. **결론(C)** : 따라서 프로그램 Y를 구입하는 것이 좋겠다.

아마 팀장은 당신의 주장에 동의할 것이다. 논리를 따라가다 보면 결국 당신의 결론에 도달하기 때문이다. 또 개발자 이름을 먼저 들었을 때와 달리 철벽을 치지도 않을 것이다.

이 기술은 며칠에 걸쳐 나누어 사용할 수도 있다. 내게 트레이닝을 받은 어떤 회사 직원은 회사 차 차종을 두고 사장과 줄다리기를 했다. 사장은 이미지를 중시해 스포츠카를 고집한 반면 직원은 실용성에 중점을 두었다. 직원은 실용적인 밴을 사자는 말을 먼저 입 밖으로 꺼내지 않고 몇 주에 걸쳐 계속해서 밴의 실용성을 입증할 각종 정보를 사장에게 떠먹였다. 결국 사장은 밴이 제일 나은 선택이라는 사실을 저절로 깨달았다. 이처럼 실제로 많은 경우, 구체적인 제안이라는 마지막 단계까지 갈 필요조차 없다.

이 기술은 상대에게 절로 해결책을 찾을 기회를 준다. 제 잘난 맛에 사는 사람들은 남에게 설득당하고 싶어 하지 않는다. 따라서 자기가 그 아이디어를 냈다거나 합리적인 판단으로 결정을 바꾸었다는 느낌을 주어야 한다. TAC 기술은 다양한 상황에서 통한다. 가령 누군가의 요구를 거절하고 싶을 때, 거절의 근거를 먼저 말하고 마지막에 거절 의사를 보인다. "할 말이 있어. 내가 과로를 좀 했더니 여기가 이승인지 저승인지 모를 판이야. 지난주 내내 새벽 한 시까지 일했거든. 그래서 말인데, 내일 저녁 식사 못 나갈 거 같아. 미안해." 나랑 극장에 가기로 약속한 친구가 약속 전날 이런 말을 했다. "나쁜 소식이 있어. 우리 딸이 수족구병에 걸렸어." 더 들을 필요도 없었다. 약속을 취소하는 일이 당연하다는 생각이 절로 들었으니까. 친구가 취소하자는 말부터 했다면 실망이 먼저 밀려들고, 이해는 나중에야 따라왔을 것이다. 첫 생각이 베일처럼 뒤따르는 모든 것을 살포시 덮어준 셈이다. 그런 이유에서도 TAC 기술은 참 유익하다.

Tech 18 TAC 기술

순서를 바꾸어 논리를 먼저, 결론을 나중에 말한다.

1. 주제나 새 소식을 알린다.

• "이런 일이 있어."
• "이것이 중요해."

2. 논리를 들이민다. 이득을 설명하거나 문제점을 알린다.

• "이런 점에서 지금은 X가 중요해."
• "Y가 문제를 일으키는 일이 많아서……"

3. 결론을 내린다. 논리에서 나온 요구나 부탁, 정보를 말한다.

• "따라서 고심해보는 게 좋겠어."
• "그러니까………"

당신의 입장을 타협안처럼 들리게 하는 법
: 나의 주장을 가장 합리적이라고 포장하는
'극단적 중도' 기술

극단적인 입장은 반발을 일으키기에 십상이다. 반대로 정반합을 추구하는 변증론은 객관적이라는 느낌을 준다. "타협을 할 수 있어야 해", "진리는 중도야" 같은 말은 얼마나 듣기 좋은가. 당신의 입장을 건강한 중도나 합리적인 타협안으로 제시하면, 당신도 그런 효과를 누릴 수 있다. 근거를 제시하지 않아도 타당하다는 인상을 주는 기술을 살펴보자.

당신은 태블릿 학습에 찬성한다. 하지만 디지털 미디어를 싫어하는 부모도 많다. 수업 시간에 태블릿 사용을 허락하면 공부는 안 하고 딴짓만 할까 봐 걱정한다. 이 부모들을 설득하자면 약간의 속임수가 필요하다. 당신의 (사실은 극단적인) 입장을 건강한 중도인양 소개하는 것이다. 먼저 주장의 양극단을 고민한 후 당신의 주장이 그 둘의 중도인양 논리를 펼친다. "어떤 부모님들은 우리 아이들에게 최신 기술과 온라인 세계를 가르치려 합니다. 하지만 수업 중에 SNS에 들어가서 딴짓을 할까 봐 걱정하는 부모님들도 계시지요. 그래서 저는 스마트폰 대신 태블릿을 주자고 제안합니다. 태블릿으로는 개인적인 채팅을 할 수 없으니까 아이들이 집중하여 미디어 자질을 키울 수 있을 겁니다." 이 논리를 들이밀면 당신의 제안이 타협안처럼 보여 디지털 수업에 반대하는 부모들도 찬성할 가능성이 커진다.

하긴 어쩌면 당신도 벌써 이 방법을 써먹었을 수도 있겠다. 연봉 협상 때 적당하다고 생각되는 금액을 요구하면 연봉이 그보다 낮게 책정될 확률이 높다. 사장은 보통 더 낮은 금액이 적절하다고 주장할 테고 결국 그 사이 어딘가에서 합의를 볼 테니 말이다. 하지만 애당초 생각보다 높은 금액을 부르면 당신이 유리한 쪽으로 타협점이 이동한다.

이 숫자 놀음은 개인적인 사이에서도 잘 통한다. 하루는 두 조카와 게임을 했다. 나는 큰 조카에게 동생은 일곱 살이라 잘 모르니까 점수를 좀 주고 시작하자고 말했다. 큰 조카는 5점을 주겠다고 했고 나는 10점을 주자고 했다. 큰 조카가 안 된다고 우겼다. "너무 불공평해." 나는 이런 말로 큰 조카를 설득했다. "나는 원래 20점 주려고 했어. 그러니까 중간인 10점으로 하는 게 어때?" 가만히 생각하던 큰 조카가 고개를 끄덕였다. 이 숫자 놀음은 공평함과는 아무 관련이 없지만, 어쨌든 게임 규칙을 아는 사람이 더 잘 이용할 수 있다.

이런 사례로 우리는 '바람직한' 중도나 '건강한' 중도는 변할 수 있고 이성이나 공정과는 아무 상관이 없다는 사실을 알 수 있다. 역사를 들여다보아도 마찬가지이다. 요즘엔 채식주의자를 만나도 과격하다는 느낌이 별로 없다. 정말로 채소만 먹는 극단적 비건의 숫자가 많이 늘었기 때문이다. 예전에는 투표권을 주장하는 여성들을 과격하다고 생각했다. 노예제를 반대하는 사람들도 그런 소리를 들었다. 중도가 무엇인지는 문명과 역사에 따라 변한다.

중도가 반드시 좋고 의미 있는 것은 아니다. 진리가 항상 중도에 있지는 않으니 말이다. 코로나 시절 록다운 논쟁을 기억하는가? 한쪽에선 완벽한 록다운을 원했고, 다른 쪽에서는 록다운은 절대 안 된다고 주장했다. 이때 약간의 록다운이라는 타협안은 의미가 없다.

그러나 중도가 진리라고 믿는 사람이 많으므로, 당신의 입장을 중도 쪽으로 이동해보자. 당신의 해결책이 훨씬 합리적으로 보일 것이다.

Tech 19 극단적 중도

당신의 입장을 중심으로 좌우의 양극단을 찾는다. 그리고 당신의 입장을 그 사이에 있는 건강한 중도로 소개한다.

- "한쪽에선 이러자고 하고 다른 쪽에선 저러자고 하니 저는 _____ 이 합리적이라고 생각합니다."
- "이런 이유도 있고 저런 이유도 있으니 타협을 해서……"
- "이 문제엔 여러 의견이 있습니다. 그러니 우리 중간을 찾아볼까요?"

경험과 감정은 사실보다 더 힘이 세다
: 경험에 정서적 이야기를 담으면 효과가 커진다

온라인 토론 중에 한 학자가 기자들의 취재 활동 이야기를 꺼냈다. 한 관객이 끼어들어 자기는 언론을 신뢰하지 않는다고 말했다. 신문이나 TV에서 떠드는 말은 전부 사기라고, 한쪽 말만 듣고 다른 쪽 말은 아예 보도도 하지 않는다고 말이다. 학자는 이해심을 담은 차분한 말투로 이렇게 대답했다. "제 생각은 다릅니다. 우리 언론이 다른 목소리도 열심히 담으려 애쓴다고 생각해요. 최근 《차이트Die Zeit》에서도 현 상황을 비판적으로 다룬 기사를 실었고, 지난주 《프랑크푸르트 알게마이네 차이퉁Frankfurter Allgemeine Zeitung; FAZ》에도 관객분의 입장과 비슷한 내용의 보도가 있었고요." 그러자 질문자는 그 기사는 미처 못 봤다는 대답으로 한발 물러섰다. 자기가 소셜미디어에만 너무 치중했던 것 같다고 말이다. 그러고는 앞으로 언론이 다른 쪽 입장에도 더 큰 관심을 보였으면 한다는 말로 마무리 지었다. 덕분에 그날의 토론은 서로를 비방하지 않는 차분하고 온화한 분위기를 유지하였다. 만일 학자가 관객의 반론을 무시하고 관객의 틀린 점만 강조했다면 대화가 어떻게 흘러갔을까? 아마 설득은커녕 토론 자체도 제대로 이어지지 못했을 것이다.

상대가 당신의 의견에 공감하지 않는 듯한 입장을 취한다면 당신의 개인적인 경험과 관찰의 결과를 곁들여보자. "저는 이러저러한 인상을 받았습니다. 제가 보기에는⋯⋯" 개인의 경험은 아무도 부정할 수 없다. 경험에는 모순이 없기 때문이다. 당신은 그것을 경험했고 보았다. 상대에게 호소하지 않아도, '나'로 시작하는 표현만으로 당신의 입장은 강해지고, 험악하던 분위기가 가라앉는다. 당신은 자기 이야기를 했을 뿐, 상대의 인상을 부정한 것이 아니기 때문이다. 상대가 당신과 똑같이 생각해야 한다고 요구하지도 않았다. 또 경험담에 이어 당시 느꼈던 개인적인 감정까지 곁들인다면 당신의 입장은 더욱 굳건해진다. 감정은 사실보다 오래 남기 때문이다. 이러한 정서적 '나'의 입장은 아래와 같은 패턴을 따른다.

1. 사례를 곁들인 개인의 관찰

자신의 경험담을 일인칭 '나'의 관점에서 설명한다.

2. 감정

이 단계는 선택이다. 그때 느낀 감정을 설명한다. 자신의 감정일 수도 있고 좋은 경험을 한 타인의 감정일 수도 있다.

개인의 경험은 보편타당하지 않다. 하나의 일화에 불과하다. 그런데도 보편타당한 숫자, 데이터, 사실보다 훨씬 설득력이 있다. 여러 실험 결과가 입증한 바, 우리는 자신을 보편타당한 통계 가운데 한 가지 예외로 볼 때가 많다.[10] 그래서 누군가 구체적인 개별 사례를 코앞에 들이밀면 그것을 더 현실적이라고 느낀다.

상대를 설득하려 들지 않으면 반발도 없다. 무조건 설득하려는 것 같다는 인상을 덜 풍길수록 설득할 기회는 높아진다. 호감을 줄수록 상대가 자신과 다른 당신의 생각도 받아줄 마음이 커진다.

자문이나 판매를 할 때에도 개인의 경험담은 설득력을 발휘한다. 내가 잠재 고객에게 다른 기업에서 나의 설득 기술이 호평을 받았다는 이야기를 한다면, 사실 그 이야기는 무슨 증거를 갖춘 말이 아니다. 그 기업은 나의 고객 가운데 하나에 불과하며, 또 내가 그 분야의 모든 기업하고 협업을 하지도 않았으니 말이다. 그런데도 그 방법이 먹힌다.

한 번은 나도 그 기술에 넘어간 적이 있다. 노트북을 사러 매장에 갔을 때 판매원이 온갖 수치와 데이터를 열거하며 신형 모델을 권했지만 나는 계속 망설였다. 이럴 때 추가 정보는 별 도움이 안된다. 내가 사용하기에는 그곳에 있는 모델 전부 별 차이가 없었기 때문이다. 그때 판매원이 말했다. "저도 이 노트북을 쓰는데요, 이걸로 유튜브 영상을 편집하거든요. 너무 잘 되어서 신형 모델이 나와도 안 바꿀 생각이에요." 나는 그 노트북으로 결정했다.

토론의 주제가 민감할 때도 개인적인 경험을 곁들인 '나'의 메시지가 복잡한 논리보다 더 잘 먹힌다. 토론을 마무리 지을 때도 마찬가지이다. "저는 다르게 봅니다. 제 경험은 아주 좋았거든요. 저는 만족합니다." "더 조사해보시기를 권합니다. 이런저런 사실이 다른 말을 하거든요." "저는 X를 믿습니다. 그것이 더 안전한 방안이라고 생각하고요. 제가 그것으로 좋은 경험을 했거든요."

감정은 사실보다 힘이 세다

경험담에 정서적인 이야기를 곁들이면 설득력은 더 커진다. 누군가 당신에게 옆 동네에서 외국인 노동자가 여성을 성폭행했다는 이야기를 들려준다면, 그 끔찍한 사건은 내국인과 외국인의 범죄율은 여러 이유에서 비교가 힘들다는 통계 결과보다 더 오래 기억에 남는다. 그런 통계는 너무 복잡하다. 객관적인 정보가 정확히 무슨 의미란 말인가? 즉 사실 정보는 감정을 불러내지 못한다. 하지만 내가 전철에서 어떤 남자가 나를 쫓아다니며 협박했을 때 시리아 남성 세 명이 달려와서 나를 보호하고, 경찰이 올 때까지 가해 남성을 붙잡아 두었다가 경찰에 인계했다는 이야기를 들려주면, 이런 정서적인 이야기는 오래 기억에 남고 원래의 외국인 범죄 이야기를 효과적으로 반박한다. 앞의 이야기도, 나의 이야기도 증거 능력은 없다. 그저 개별 사건, 하나의 일화에 불과하다. 하지만 개별 사건은 설득력이 높다. 특히 감정을 불러일으킬 경우 더욱 설득력 있다. 감정은 논리적 사고를 무용하게 만들기에[11] 사실보다 힘이 세다. 관중의 마음을 얻고 싶은 연설가가 정서적 스토리나 음악을 활용하는 이유이다. 이런 상태에서는 설득력 있는 논리가 없어도 관중이 쉽게 영향을 받는다.

그러므로 상대가 개별 사건이나 감정으로 승부를 보려 하거든 복잡성의 덫에 빠지지 말고[12] 같은 기술로 응대하자. 그래야 당신의 입장도 오래 기억에 남는다. 정서적 '나'의 입장은 상대에게 생각을 바꾸라고 요구하지 않으므로, 상대가 더 편하게 자기 입장을 밝힐 수 있다. 그래서 대놓고 반박을 할 때보다 효과가 더 뛰어나고 설득력도 더 크다.

Tech 20 정서적 '나'의 입장

생각을 바꾸라고 요구하지 않고 그저 상대 입장 옆에 당신의 입장을 내려놓는다. 사례를 곁들인 당신의 개인적인 관찰 결과를 이야기한다. 필요하다면 그 경험이 불러온 감정도 곁들인다.

- "제가 받은 인상은 다릅니다. 제가 보기에는······"
- "저는 좋았습니다. 아주 만족스럽고요."

입장에 정서적 이야기를 담으면 효과가 더 커진다.

메시지는 단순하게, 반복해서 말할 것
: 근거가 많다고 다 좋은 것은 아니다

예약을 안 하고도 식당에서 제일 좋은 자리에 앉으려면 어떻게 해야 할까? 나는 경험으로 그 방법이 의외로 정말 쉽다는 사실을 실감했다. 언젠가 친구가 말도 없이 찾아오는 바람에 우리는 예약도 안 하고 식당에 갔다. 당연히 자리가 거의 없었다. 직원이 구석에 있는 자리를 가리켰지만 좀 더 분위기 좋은 자리에 앉고 싶어 둘레둘레 살폈다. "저기 뒤쪽에 저 자리가 좋은데요." 내가 말했다. "죄송하지만 예약석입니다." 직원이 대답했다. "아이고." 나는 상황을 받아들였다. 우리가 예약을 안 했으니 먼저 예약한 사람이 당연히 더 좋은 자리를 차지하는 게 맞다. 하지만 친구는 포기하지 않았다. "그래도 저기 뒤쪽 저 자리면 정말 좋겠어요." "네, 그런데 말씀 드렸다시피 예약이 되었습니다. 저희 식당은 손님들이 대부분 1~2주 전에 예약을 하시거든요." 친구는 물러서지 않았다. "아, 그렇군요. 그런데 우리가 정말 오랜만에 만나서요. 할 이야기도 많고 해서 저기 저 뒤쪽 저 자리가 완벽할 것 같아요." 나는 마음이 불편했다. 친구가 이제 그만했으면 싶었다. "죄송합니다. 오래전에 예약된 자리라서요." "네, 잘 압니다. 근데 우리가 진짜 오랜만에 만나서요. 분위기 좋은 자리에서 회포를 풀고 싶거든요." "잠깐만요." 직원이 뒤쪽으로 걸어갔다. 나는 이미 직원이 가리켰던 구석 자리로 가서 막 앉으려던 참이었다. 그때 친구가 오더니 말했다. "짐 챙겨. 다른 자리 준대." 정말로 직원이 양보한 것이다.

다정한 끈질김이 성공을 선사하였다. 쉽게 떨어지지 않는 말을 자신에게 허락하는 것! 거절당할지 모른다는 불안이 클수록 조르기가 힘들다. 아이들은 그럴 수 있다. 아이스크림이 먹고 싶으면 사줄 때까지 조른다. 부모가 항복하는 건 아이스크림이 가장 공정한 해결책이어서가 아니라 지쳤기 때문이다. 내 동료 르네 보르보누스Rene Borbonus는 말했다. "누구나 주머니에 든 'No'의 숫자에 한계가 있다."[13] 그래서 언젠가는 다 떨어진다. 게다가 누군가 아주 다정하게 부탁하면, 다정하지 않게 응대하기가 쉽지 않다.

'망가진 레코드판 기술'은 다정한 끈질김이다. 부탁을 다정한 말투로 계속해서 반복한다. 논리가 좋을 필요도 없다. 물방울이 계속 떨어지면 돌에도 구멍이 난다. 물론 늘 통하는 기술은 아니지만 그래도 생각보다 자주 먹힌다.

반복이 논리보다 설득력 있다

━━━━━

황당하지만 사실이다. 반복은 토론에서도 정보와 논리에 더 큰 설득력을 선사한다. 이를 전문용어로 '환상 진실 효과illusory truth effect(혹은 거짓 진실 효과)'라고 부른다. 자주 접한 정보를 더 진실이라 믿는 효과이다. 어떤 정보를 읽을 때 어디서 많이 들어봤다는 느낌이 들면 그 정보를 진실이라 생각할 확률이 높아진다.

실험 참가자에게 여러 회차에 걸쳐 60개의 다른 문장을 소개하고, 진실성 여부를 평가하게 하였다. 이때 회차마다 20개 문장은 앞서 들었던 것을 반복하고 40개만 처음 듣는 문장을 넣었다. 그랬더니 2회차, 3회차에서 문장의 사실 여부와 관계없이 반복한 20개의 문장을 더 진짜라고 평가했다.[14]

과학과 사실을 사랑하는 사람은 복잡한 정보를 좋아하고, 상대의 반론마다 새 논리를 들이미는 실수를 저지르기 쉽다. 그래서 단순한 메시지로 승부하는 경쟁자에게 허무하게 질 때가 많다. 아무리 많아도 세 가지를 넘지 않는 단순 메시지를 계속 반복하면 결국 듣는 사람의 머리에 남는 것은 (전문가의 복잡한 서른여덟 가지 전문 논리가 아니라) 바로 그 단순 메시지이다. 메시지가 머리에서 짜낸 것이라도, 심지어 틀렸어도 상관없다.

하나의 메시지를 다른 문맥에서 계속해서 반복하면, 시간이 지나면서 메시지의 출처가 사라진다. 이를 두고 '수면자 효과sleeping effect'라고 부른다. 그 메시지가 전문가에게서 나온 것인지 아닌지를 더는 알지 못하므로, 그렇지 않은 경우에도 신빙성이 있다고 생각한다.[15] 그렇게 설득력 있는 거짓 정보가 탄생한다. 시금치에는 철분이 많고, 밤에 포도주를 마시면 건강에 좋으며, 파라벤은 몸에 해롭고 국민연금은 안전하다. 반복될 때마다 메시지는 더 친숙해지고, 검증을 거치지도 않은 채 더욱 진실이 된다. 더 많은 사람의 입에서 나올수록 효과는 더 커진다. 여러 번 반복해서 들은 메시지는 친숙해지고, 어쩌다 팟캐스트에서 그걸 다시 들으면 절로 이런 생각이 든다. "그래, 뭔가 있는 거야."

의사소통행위이론kommunikationstheorie에서도 이런 식으로 거짓 신화가 생겼다. 다들 한 번쯤 들어봤을 것이다. 한 사람의 영향력은 신체 언어가 55퍼센트, 목소리가 38퍼센트 좌우하며, 말의 내용은 7퍼센트밖에 좌우하지 않는다고 말이다. 원래의 연구는 말의 내용과 목소리, 신체 언어가 정서적으로 모순될 때 어떤 일이 일어나는지를 조사한 것이었지, 한 사람의 일반적인 영향력을 조사한 연구가 아니었다. 누군가 화를 내면서 "기분이 좋다"고 하면 우리는 목소리를 믿는다. 말은 기분이 좋다고 하는데 표정은 기운이 하나도 없어 보인다면 우리는 표정을 믿는다. 그렇다고 말의 내용과 단어 선택이 7퍼센트의 영향력만 발휘하는 것은 아니다. 신체 언어의 영향력은 특히 상황에 따라 크게 달라진다. 시험이 코앞이라면 교수님의 신체 언어가 좋거나 말거나 중요한 단어가 쏙쏙 귀에 들어오듯이 말이다. 이 연구의 책임자였던 앨버트 메라비언^{Albert} Mehrabian은 당시의 연구 결과가 지금까지도 잘못 해석되고 있어 매우 불쾌하다고까지 말했다.[16]

단순할수록 오래 남는다

메시지는 단순할수록 오래 남는다. 그러므로 당신의 정보가 적어도 상대의 정보만큼은 단순하도록 유의해야 한다. 상대의 논리를 꼬치꼬치 반박하느라 의미 없는 세부 내용에 휘말리면 상대 뒤꽁무니만 쫓다가 끝난다. 풍차와 싸우는 돈키호테 꼴이다. 상대의 논리에 일일이 대응하지 말고 당신의 논리와 입장을 몇 차례 분명하게 밝혀 상대가 그 내용을 기억하게 하자. 그러면 당신이 토론의 주도권을 쥘 수 있다.

메시지의 핵심이 무언지 잊지 말자. 당신은 어디로 가려 하는가? 전하고픈 메시지가 무엇인가? 어떻게 하면 최대한 쉽고 간결한 말로 그 메시지를 표현할 수 있을까? 몇 가지 중요한 논리와 정보를 선별하고, 기억하기 쉬운 간단한 표현을 찾아보자.

가령 동료가 커피머신을 장만하려고 한다. 꼭 추천하고 싶은 브랜드가 있다면 그 브랜드의 좋은 점 열여덟 가지를 열거하지 말고 가장 중요한 논리, 즉 우수한 품질과 간편한 사용법을 계속 반복하라. 그 기계를 추천하는 제품 평가 자료가 있다면 2차 자료로 그 정보를 이용하자.

소극적 성격 탓에 자기 입장을 주장하기 힘들다면 미리 중요한 정보를 인쇄하여 지참하고, 동료에게도 당신과 같은 말을 해달라고 부탁한다.

Tech 21　망가진 레코드판 기술

당신의 입장과 정보를 상대의 머리에 입력한다.

- 중요한 정보를 몇 가지 고르고, 기억하기 쉬운 단순한 표현을 찾는다.
- 이 정보를 조금씩 표현을 달리해서 계속 반복한다.
- 당신과 입장이 같은 정보를 찾아 제시한다.

물론 뭐든 과하면 안 되는 법, 정보를 너무 자주 들이밀면 오히려 효과가 떨어진다.

말에 힘을 싣는 비언어적 표현들

: 목소리, 신체 언어, 표정, 단어 선택

유능하게 들리는 목소리로
갈등을 잠재운다

"어제 말했잖아. 재미있었다고." 여자친구가 무뚝뚝한 말투로 이렇게 말하면 당신은 아마 말의 내용보다 목소리를 더 믿을 것이다. 내용과 목소리가 정서적으로 모순되면 우리는 목소리를 더 믿는다. 상대가 당신의 말을 경청하느냐 아니냐도 목소리에 달려 있다. 다음 두 기술은 당신을 유능하게 보이게 하여 당신의 말에 신뢰도를 높여준다. 그뿐만 아니라 스스로 자신이 더 유능한 사람이라 느낄 수 있을 것이다.

1. 무심 음역 : 목소리의 고향

음역은 설득의 가장 중요한 요인 중 하나이다. 더 정확하게 말해 무심indifference 음역이 그렇다. 무심 음역은 전체 목소리 범위에서 중간부터 아래까지의 네다섯 가지 음으로, 이 음역에서는 아무리 오래 말을 해도 목이 쉬지 않는다. 또 성대 근육이 긴장을 풀 때 나오므로, 화자가 불안하거나 긴장하지 않았다는 증거가 된다. 사람을 자신감 있고 유능해 보이게 한다. 무심 음역은 사람마다 다르다. 일반적인 저음이 아니라 긴장을 풀 때 나오는 개인적인 깊이가 중요하다. 그러므로 감정이 상해서 목소리가 높아진 언쟁에서도 이 음역이 스트레스를 줄여준다.

갈등을 겁내는 사람일수록 목소리를 높이는 경향이 있다. 높은 목소리는 다정하며 친절한 인상을 풍기므로 잡담하거나 관계를 쌓을 때 가장 적합하다. 하지만 능력이 있다는 느낌을 주지는 않는다. 반대로 무심 음역은 확신을 전달한다. 따라서 상대가 경청하기를 바란다면 목소리를 낮추고 긴장을 풀어 자신감 있는 목소리를 내야 한다.

흥분하고 긴장하면 목소리가 높아진다. 긴장이 풀리면 목소리도 낮아진다. 핵심은 성대 근육의 이완이다. 눈을 감고 배에 힘을 빼고 입을 살짝 다물고 턱에도 힘을 뺀 후 맛난 음식을 떠올려보자. 어떤 것을 먹었을 때 기분이 제일 좋아질까? 그 음식을 떠올리고 낮은 소리로 혼자 말한다. "으으으음, 맛있다." 이 "으음"이 당신의 무심 음역에서 가장 낮은 음이다. 이 음이 평소 말하는 음성과 얼마나 차이가 나는가? 차이가 크다면 당신은 일상생활에서 바람직한 높이보다 더 높은 목소리로 말할 확률이 높다.

물론 종일 무심 음역대로만 말하라는 뜻이 아니다. 누구나 기쁠 때는 자동으로 목소리가 올라가고, 높낮이 없이 계속되는 말은 따분하게 들릴 테니 말이다. 때로는 무심 음역 위로 올라가 열정적으로 말하자. 다만 목소리의 고향에 최대한 자주 들러야 한다. 특히 중요한 내용을 전달할 때는 더욱 그렇다.

2. 끝말 발성 : 마침표를 찍는다

말의 멜로디만 살짝 바꾸어도 큰 효과가 난다. 상대가 당신을 유능하게 보느냐 마느냐를 좌우할 수 있다. 트레이닝 시간에 나는 참가자 두세 명에게 자기소개를 시키고 녹음을 한다. 이어 함께 녹음 내용을 들어보면 한 가지가 눈에 띈다. 목소리가 낮아지는 순간이 딱 한 번, 제일 마지막 부분뿐이다. "안녕하세요? 제 이름은 마르틴이고요? 운동을 너무너무 좋아합니다? 음. 마라톤을 자주 뛰는데요? 뉴욕 마라톤에도 벌써 두 번 참가했어요? 6개월 동안 프로젝트를 진행하느라 중국에 있다가 최근에 독일로 왔어요? 음. 네. 여기까지입니다."

내용은 멋지지만 아쉽게도 전달 방식은 마치 화자가 자신에게 질문을 던지는 것 같다. 각 문장 끝에서 말의 멜로디가 올라간다. 그래서 화자가 모든 발언을 스스로 의심하는 것 같다. 자기 말에 확신이 없고 자신감이 없는 듯하다. 그러니 누가 그를 믿어주겠는가?

질문형 멜로디를 '의문interrogative 발성'이라고도 부른다. 이런 발성이 전달하는 메시지는 이렇다. '나는 당신에 대해 알고 싶어요.' 혹은

'나는 확신이 없어요.' 또 이런 멜로디를 택하면 자기도 모르게 "음"을 더 많이 하게 된다. 목소리를 높이면 말을 더 해야 한다는 압박감이 따라오기 때문이다. 하지만 뭘 더 말하고 싶은지 모르기에 자동으로 "음"이 나온다.

계속해서 끝을 내리는 멜로디는 '끝말terminal 발성'이라고 부른다. 이 발성법은 질문이 아니라 확언의 메시지를 전한다. '내가 말하는 그대로이니 나를 믿어도 좋다!' 더불어 지금 내가 말하는 내용이 중요하다는 메시지도 전한다. "제 이름은 마르틴입니다. 저는 운동을 정말 좋아합니다." 하릴없이 내용을 나열하는 것보다 훨씬 중요하게 들린다. 뉴스 앵커가 (아무리 짧은 문장도) 문장이 끝날 때마다 목소리를 낮추는 이유도 각 문장이 다 중요하기 때문이다.

질문하는 말투를 쓰거나 고음으로 빠르게 말해서 상대가 중요한 내용을 못 듣고 지나치는 일이 없어야 한다. 문장이 끝날 때마다 목소리를 낮출 필요는 없지만, 특히 중요하다고 생각되는 지점에서는 목소리를 낮추어 마침표를 찍자.

신체 언어로 능력을 뽐낸다

신체 언어의 효과를 보여주는 한 방법으로 나는 세미나 시간마다 참가자들에게 일어서서 내가 말하는 대로 따라 하라고 시킨다. 내 말대로 해야 한다는 말을 두 번이나 강조한다. 그리고는 팔을 올려 수평을 유지하라고 부탁한다. 하지만 그와 동시에 내 팔을 수직으로 높이 세운다.[17] 무슨 일이 일어날까? 모두 팔을 수직으로 치켜든다. 그러다 문득 누군가 깨닫는다. "잠깐만요! '수평'이라고 하셨죠?" 신체 언어와 말의 내용이 모순되면 우리는 신체 언어를 더 믿는다. 내가 두 번이나 말대로 하라고 강조했는데도 사람들은 나의 신체 언어를 따라 한다. 당신이 말하는 내용, 상대가 당신이라는 사람을 어떻게 인지할지는 당신의 신체 언어가 결정한다. 따라서 그 작은 수단으로도 언쟁을 멈추고 당신의 영향력을 키울 수 있다.

1. 활기차게, 그러나 허둥대지는 말고

자, 상상을 해보자. 누군가 회사 복도를 허둥지둥 걸어가며 사무실마다 고개를 들이밀고 무언가를 열심히 찾는다. 반대편에서는 누군가 느긋한 걸음으로 복도를 걸어가더니 곧장 한 사무실로 들어가 문을 닫는다. 어느 쪽의 직급이 더 높을까? 허둥거리면 신경이 곤두선 것 같고 직급이 낮은 것 같다. 여유는 권력을 연상시킨다.

사회적 지위가 높은 사람은 남을 신경 쓸 필요가 없다. 남들이 그들에게 신경을 쓴다. 한번은 프랑크푸르트 공항에서 자동차 기업 총수와 이야기를 나누다가 늘 시간이 부족할 텐데 어떻게 시간 관리를 하느냐고 물었다. 그가 시계를 보며 태연하게 대답했다. "사실 저는 지금 베를린에 있어야 합니다." 일정을 관리하는 데 스트레스를 받으며 허둥대는 사람은 그의 비서이지 그가 아니다. 그가 남들의 시간에 맞추지 않고, 남들이 그의 시간에 맞춘다. 허둥대는 신체 언어를 버려야 권력의 분위기를 풍길 수 있다.

논쟁을 벌일 때도 여유 있는 태도는 달구어진 분위기를 가라앉힌다. 특히 갈등이 심할 때는 빠른 몸짓이 위협으로 느껴질 수 있다. 따라서 앞에서 배운 '구체적 질문을 던진다(기술 1)'나 '사람은 자기가 믿고 싶은 것만 듣는다(기술 4)' 같은 언어 기술과 더불어 위협적이지 않은 신체 언어를 활용하면 차분한 분위기에서 대화를 이어갈 수 있다. 방금까지 화가 나서 허둥지둥 손짓 발짓을 해댔어도 이래서는 안 되겠다는 생각이 드는 순간, 즉각 동작을 멈춘다. 그러면 상대는 물론이고 당신 자신도 마음이 안정된다. 분노와 짜증 같은 감정과 반대되는 차분한 동작은 감정에서 벗어나도록 도와준다.[18]

하지만 주의할 점이 있다. 그렇다고 해서 아무 감정도 없는 상태로 빠져들어서는 안 된다. 감정 없는 신체 언어는 과도한 신체 언어보다 오히려 더 무능한 인상을 풍긴다. 여러 실험에서도 열정적으로 하고 싶은 말을 전달한 사람이 너무 차분한 사람보다 더 긍정적인 평가를 받았다.[19] 더구나 갈등 상황에서 당신이 너무 차분하면 흥분한 상대는 무시당하는 기분이 들 것이다. 거꾸로 생각해보라. 당신이 화가 나서 길길이 날뛰고 있는데 상대가 미동도 없이 가만히 앉아 있다면 어떤 기분일 것 같은가?

2. 분위기를 누그러뜨리는 삼각형

: 유능하게 보이되 충돌은 피하는 자세

대화 분위기는 자세의 영향도 많이 받는다. 동물들은 서로 싸울 때 정면에서 접근하고 눈을 똑바로 본다. 사람도 마찬가지여서 똑바로 마주 서면 긴장감이 높아진다. 마치 논쟁의 주제가 두 사람 중간에 딱 놓여 있는 느낌이다.

이때는 자세를 살짝만 바꾸어도 분위기가 누그러진다. 몸을 살짝 옆으로 돌려 상대와 30도 각도가 되면 긴장이 풀린다. 정면으로 서로의 눈을 쳐다보지 않고, 논쟁의 주제가 두 사람 중간에 놓여 있지도 않으므로 같은 관점에서 주제를 바라볼 수 있다. 중요하고 까다로운 대화나 여러 사람이 참석하는 미팅에서는 중요한 사람과 똑바로 마주 앉지 말자. 중심이 되는 인물과는 비스듬히 앉는 편이 좋다.

표정으로 관심을 보인다

상대와 좋은 관계를 쌓고 싶다면 최대한 친절하게 미소 지으며 고개를 끄덕여야 한다. 맞는 말이다. 하지만 계속해서 웃고 있으면 딱히 영리해 보이지 않으며[20], 자기 말에도 상대 말에도 계속 고개를 끄덕여대면 확신이 없어 보인다.[21] 상대의 마음에 들고 싶은 것처럼 뻣뻣한 미소를 짓고 있어도 확신이 없어 보인다. 흔히 말하는 '적극적 경청'[22]이 특정한 신체 언어와 표정으로 나타난다고 오해하는 사람이 많다. 하지만 적극적 경청이란 미소나 끄덕임 같은 피상적인 신체 신호가 아니라 상대의 말에 진정으로 호응하여 관심 있게 듣고 있음을 상대에게 알리는 상호작용이다. 물론 '내가 당신에게 쉽사리 넘어가지는 않을 것'임을 알리는 것도 못지않게 중요하겠지만 말이다.

1. 미소를 짓되 이유가 없어서는 안 된다

소통에선 상대와의 긍정적인 연결이 중요하다. 장례식에서 계속 웃고 있으면 그 미소는 소통을 방해한다. 앞에서 말한 아르민 라셰트의 사례를 떠올려보자.

상대와 의견이 엇갈리거나 상대가 화를 내는 상황에서 웃고 있으면 상대는 당신이 자기를 무시한다고 생각한다. 숫자 정보나 사실 정보를 전하면서 웃으면 신뢰성이 떨어진다.

적절하지 않을 때, 상대가 보기에 명확한 이유가 없을 때 웃음은 긍정적 효과를 잃는다. 하지만 진정한 웃음은 호감을 얻는다. 적절성의 원칙은 소통 전반에 해당하는 중요한 조건이다. 당신의 미소가 적절하여 수긍할 만한 이유가 있을 때, 이를테면 당신이 좋아하는 주제이거나 상대를 만나서 반가울 때, 미소는 긍정적인 효과를 발휘한다.

2. 시도 때도 없이 고개를 끄덕이지는 말자

고개를 끄덕이는 것도 마찬가지이다. 고갯짓은 "음", "네" 같은 말과 함께 상대의 말을 듣고 있다는 신호이다. 상대가 미동도 없이 앉아 있으면 당신은 이렇게 물을 것이다. "듣고 있어? 네 생각은 어때?" 상대가 아무 신호도 보내지 않으면 불안해지고 상대의 마음을 알 수가 없다. 그래서 면접관들은 일부러 아무런 신호를 보내지 않아서 응시자를 당황시키기도 한다.

하지만 과도한 고갯짓은 초점이 당신이 아니라 상대에게 맞추어져 있다는 신호를 준다. 당신이 상대의 마음을 편하게 해주려고 최선을 다하고 있다는 의미를 전달한다. 따라서 고개를 지나치게 끄덕이면 자신감이 없어 보인다. 또 당신이 자기 말에 동의하며, 계속 말을 하라고 채근하는 것으로 상대가 오해할 수 있다. 특히 갈등을 겁내는 사람은 서둘러 그런 수동적인 경청자 모드로 들어가기 때문에, 안 듣고 싶은 말까지 다 듣는 곤욕을 치른다.

어떤 이는 고갯짓을 많이 하고, 또 어떤 이는 적게 한다. 그건 정상이다. 그러나 상대의 마음에 들려고 애쓰거나 주제와 상관없는데도 상대의 마음을 편하게 해주려고 애쓰는 자신을 깨달았다면 달라져야 한다. 상대보다는 주제에 집중하고 주제를 앞세우자. "정확히 무엇이 문제일까요?" "어떤 정보가 있을까요?" "어떤 시각으로 봐야 할까요?" 성급한 동의의 반응은 자제하자. 상대의 마음에 들려고 하지 말고 상대를 이해하려 노력하자. 그래야 끄덕이는 고갯짓이 진실해 보이고, 동시에 자신감도 있어 보인다.

5.

무례한 말, 무식한 말,
비꼬는 말에도
흔들리지 않는 법

나를 조종하려 드는 사람과 협력하는 대화를 하는 법

지금까지 배운 기술을 다 동원해도 안 먹히는 인간이 있다. 당신이 아무리 잘해도, 아무리 노력해도 소귀에 경 읽기다. 무조건 자기가 옳다고 우기며, 설사 부정한 방법을 써서라도 자기 뜻대로 하려고 한다. 자신의 신념을 객관적 증거인 양 들이대는가 하면, 대놓고 당신을 비난하기도 한다. 혹은 당신을 나쁜 사람으로 몰아서 당신을 조종하려고 한다.

이런 상대를 만나서 머리에서 경고 알람이 울리기 시작하거든, 망설이지 말고 '자기주장 모드'로 갈아타자. 상대가 당신을 깔아뭉개려 하건, 부적절한 비난을 퍼붓건, 당신을 문제아 취급하건, 다 좋다. 그런 비열한 방법을 막아줄 기술이 있으니 걱정하지 않아도 된다. 심지어 그 와중에도 협력을 추구하여 긍정적 방향으로 대화를 되돌릴 수 있다.

선 넘는 말에 웃음으로 받아치는 기술
: '과한 동의'는 상대의 말을 되비춘다

몇 년 전에 남자 동료와 함께 프로젝트 매니저들을 상대로 커뮤니케이션 트레이닝을 한 적이 있다. 요일을 정해서 둘이서 번갈아 트레이닝을 맡았다. 수업이 다 끝나고 수강생들에게 평가를 부탁했는데, 남자 동료의 성적이 좋지 않았다. 운이 나빴다. 수강생 한 사람이 그를 몹시 싫어해서 원활한 수업을 방해했던 것이다. 트레이닝을 의뢰한 사장과 면담을 하던 중에 동료가 왜 자기 점수가 나쁜지 모르겠다고 말했다. 사장이 간단하게 그 이유를 설명했다. "음. 다음번에는 옷에 신경을 좀 쓰시면 좋을 것 같네요."

아하! 그러니까 내가 옷을 잘 입어서 점수가 높았구나! 까다로운 수강생을 잘 구슬리는 나의 능력은 아무짝에도 쓸모가 없었구나! 이럴 때 어떤 반응이 적절할까? 농담을 들은 사람마냥 같이 웃으며 사장의 말이 정말로 농담이었기를 바란다? 하긴 정말 농담이었을 수도 있다. 하지만 그에게 여성의 능력을 무시하는 마음이 깔려 있었다면 그런 대처로는 그의 잘못을 깨우칠 수 없다. 무슨 방법이 있을까? 뚜껑을 확 열고 문제가 되는 지점을 똑바로, 확실히 지적한다? 경험상 그런 대응이 상대를 깨달음으로 인도하는 경우는 거의 없다. 오히려 상대는 자기 생각을 더 굳힌다. "얼굴은 반반한데 입은 험하네!"

나는 다른 방법을 택했다. 사장의 말에 동의하는 데 그치지 않고 더 보탰다. 나는 씩 웃으며 남자 동료를 쳐다보고는 이렇게 말했다. "맞습니다. 제가 한 일이라고는 옷 잘 입은 것밖에 없지요. 그런데도 강의료를 그렇게나 많이 주셨으니 그저 감사하지요." 사장은 크게 웃었고, 동시에 자기 행동을 반성했다. "아니, 아니, 죄송합니다. 제가 실언을 했네요." 분위기를 깨지 않고도 사과를 받아냈다. '스스로 깨닫다니 잘했네요'라는 말은 속으로만 했다. 6개월 후 나는 다시 그 회사에서 강의 의뢰를 받았다. 이번에는 사장의 입에서 실언이 나오지 않았다.

앞선 나의 말처럼 과하게 동의하며 상대가 한 말을 반복하면 상대는 자신의 말을 거울에 비추어 본다. 눈을 찡긋하며 상대 말의 부정적인 의미를 강조하면, 상대는 자기 말이 어떤 식으로 받아들여질 수 있는지 스스로 깨닫는다.

유쾌하게 행동을 되비춘다

___

토론을 하다 보면 선을 넘는 경우가 생긴다. 이럴 때 상대의 말을 되비추면 상대가 스스로 자기 말의 문제점을 깨닫는다.

연봉 협상에서 사장이 이렇게 말한다. "왜 꼭 돈을 더 받아야 해? 일은 재미로 하는 거지." 이때 이런 말로 사장의 말을 되비춰볼 수 있다. "맞습니다. 일이 재미있으니 오히려 연봉을 낮추어야죠. 재미있으면 절대 돈을 더 달라고 하면 안 됩니다."

계약 협상에서 많이 듣는 말이 있다. "아니, 왜 그렇게 꼬치꼬치 따지실까요? 우리를 못 믿어요?" 그럴 때는 눈을 찡긋하며 더 호들갑을 떤다. "그럼 아예 계약서 쓰지 말까요? 믿는데 계약이 왜 필요할까요?"

한 정치인이 날카로운 비난을 듣고서 역시나 날카롭게 대응했다. 친구들이 모인 자리에서 한 친구가 그 일을 들먹이며 이렇게 말한다. "도둑이 제 발 저린다고, 구린 게 있으니까 아니라고 하지." 과한 동의 기술은 그 말의 잘못된 부정적 핵심을 강조한다. "맞아. 아니라고 하는 것들은 다 구려." 말을 꺼낸 친구는 목이 타는지 맥주만 들이켠다.

다만 주의해야 할 점이 있다. 과한 동의가 불난 집에 부채질을 할 수 있다. 이 기술을 써먹으려면 눈치 빠르게 적절한 때와 장소를 간파할 수 있어야 한다. 또 진지한 토론에서 그런 식의 농담조

대처를 마뜩잖게 생각하는 사람이 있을 수 있으니, 때와 장소를 잘
가리자.

그 비난이 사실일지도 모른다는 생각에
마음이 흔들린다면
: 갈등이 싫은 사람이 안심하고 받아치는 기술

마트 계산대에서 뒷사람이 너무 바짝 다가와서 당신이 한마디 한다. "죄송하지만 좀 떨어져주시겠어요?" 뒷사람이 불쾌한 표정을 지으며 말한다. "되게 예민하네." 이때 한 가지 대처 방법은, 비난에 담긴 긍정적 핵심에 동의하는 것이다. "네, 제가 좀 예민해서. 누가 바짝 붙어 있으면 마음이 불편하거든요." 상대를 힐난하지 않고 자신과 자신의 욕망을 설명하므로, 상대는 크게 기분 나빠하지 않는다. 여기에 상대의 말을 재해석하면서 우리의 입장을 덧붙여 반복한다면 상대가 우리 부탁을 들어줄 확률이 높아진다. 아주 간단한 기술인 데다, 맞받아칠 필요가 없으므로 갈등을 겁내는 사람도 안심하고 써먹을 수 있다. 한 마디로 상대의 비난을 긍정적인 성격으로 재해석하는 것이다. 사실 비난에도 긍정적인 핵심이 들어 있는 경우가 많다. 힐난조의 말투 때문에 부정적으로 보일 뿐이다. "너무 예민하신 거 아니에요?" 이런 비난에도 차분하게 동의하기만 하면 된다. "맞아요. 제가 좀 예민해요. 그래서……"

그러니까 문제는 상대의 비난에 어떤 긍정적 핵심이 들어 있는지다. 이 긍정적 핵심을 알아내려면 모든 부정적 성질에도 긍정적인 면이 숨어 있다는 사실을 먼저 명심해야 한다.

누군가 당신을 비난한다. "꼬장꼬장하기는!" 상대가 비난한 성격의 긍정적인 핵심은 '정확성'이다. 그 긍정적 핵심을 인정한다. "맞아. 내가 좀 정확하지." 누군가 당신이 돈만 밝힌다고 비난하거든 태연하게 대꾸해보자. "맞아요. 수익이 중요하죠. 수익도 안 나는데 저랑 일을 하시겠어요?" 도널드 트럼프는 이 재해석 기술의 선수이다. 2016년 대선 토론에서 힐러리 클린턴이 그가 부동산 위기를 이용해서 돈을 벌었다고, 심지어 집을 사서 돈을 벌려고 위기를 부추겼고 시장 붕괴를 바랐다고 비난했다. 트럼프는 무심하게 대답했다. "그걸 비즈니스라고 합니다That's called business."[1]

자기비판적인 사람은 비난을 들으면 상대 말이 맞을지도 모른다고 생각한다. 나의 지인은 동업자와 친구처럼 지냈다. 그런데 언젠가부터 사이가 벌어지더니 대화가 힘들어졌고 심지어 비난이 오갔다. 지인은 더는 사업을 같이할 수 없겠다고 생각하여 동업자에게 동업을 그만하자고 말했다. 동업자가 황당하다는 표정으로 물었다. "뭐? 뭔 일이 있었어? 난 너보다 공사 구분이 확실한가 보네." 지인은 잠시 '정말 그런가?' 고민했다. 그녀가 너무 예민하게 굴었을까? 그러나 그녀는 재해석 기술을 이용해 자기 행동에 확신을 더했다. "맞아. 나는 공사 구분 못 해. 동업을 하려면 관계가 좋아야지." 이렇게 동의하자 상대방이 과하다고 주장했던 그녀의 행동이 정상적이고 인간적인 행동으로 되돌아왔다. 어쨌거나 개인적인 관계는 사업 관계와 뗄 수 없다. 협상이 개인적인 문제 탓에 파투 나는 일이 얼마나 많은가? 회사 분위기가 좋으면 직원들의 업무 능력도 향상된다. 따라서 있지도 않은 객관성을 주장하는 것이 오히려 말도 안 된다. 비난받은 모든 것이 비난받을 만한 것은 아니다.

불안할수록 남의 비난에 쉽게 흔들린다. 그 비난이 사실일지도 모른다는 생각에 마음이 흔들린다. 이럴 때 긍정적 핵심을 강조하면 그런 생각에서 벗어날 수 있다. 더 나아가 확신을 굳힐 수 있다. 지금 나의 행동과 이유는 타당하다고 말이다.

Tech 23 동의하며 재해석한다

누군가 당신의 행동이 과하다고 비난하면 그 비난에 숨은 긍정적 핵심에 동의하여 비난의 힘을 빼버리자.

- "맞아요. 나는 예민해요/정확해요/창의적이에요."
- "맞아요. 이번 프로젝트는 특별합니다/높은 수익이 기대됩니다/광범위합니다."

주제가 아닌 말투를 지적할 때 대응하는 법
: 논점을 흐릴 때는 맥락으로 대응한다

"그렇게 소리를 지르시면 무슨 말씀인지 알아들을 수가 없습니다. 차분히 다시 한번 말씀해주시겠어요?" 몇 시간 동안의 기다림에 지친 고객이 고객센터에 전화를 걸어 책임자를 연결해달라고 하자 센터 직원이 이렇게 타이른다.

"당신 너무 감정적이야. 진정해." 가사 일에 지친 아내가 화를 내자 남편이 이렇게 말한다.

다들 진정하라는 말에 더 화가 났던 경험이 있을 것이다. 실제로 그런 식의 요구는 오히려 불난 집에 부채질을 한다. 이런 메시지를 전달하기 때문이다. '당신이 그렇게 행동할 이유가 없어!' '당신의 행동은 부적절해!' 하지만 행동이 적절한지 아닌지는 상황이 결정한다. 고객센터에서 길길이 날뛰며 소리를 지르는 짓은 부적절하다. 하지만 좋아하는 가수의 콘서트에서 소리를 지르는 것은 적절하다. 카페에서 직원에게 이유도 없이 소리를 지르는 행동은 부적절하다. 하지만 비상상황에서 도와달라고 소리친다면 적절할 뿐 아니라 반드시 필요한 행동이다.

주장이 아닌 말투로
관심을 옮기는 톤 폴리싱

어떤 상황에서도, 심지어 비상상황인데도 조용히 하라는 요구는, 다른 말로 '톤 폴리싱tone polishing'이라고 부른다.[2] 말투로 관심을 끌어서 옳고 그름에 상관없이 논점을 흐리는 기술이다. 화가 난 이유가 정당할 수도 있다는 사실, '합리적인' 차분한 말투가 통하지 않아서 소리를 질렀을 수도 있다는 사실을 무시한다. 아무리 상황이 화를 돋울지언정 톤 폴리싱은 차분한 말투를 요구한다. 차분하게 전달하는 내용만 들어주겠다는 식이다. 이런 식으로 상대의 부적절한 행동을 지적하여 사람들의 관심을 원래 주제에서 멀어지게 하고, 상대를 깔아뭉개거나 심지어 아무 말 못 하게 막는 작전이다.

톤 폴리싱은 소외된 사람들을 더욱 소외시킨다. 지금껏 차분하고 합리적인 설명으로는 전혀 관심을 끌지 못했기에 소리를 높일 수밖에 없는 그들을 무식한 사람 취급하며 소리 낮추라고 야단친다. '예의를 모르는 소수'를 비웃고 어떤 상황에서도 '문명인'답게 이성적인 대화가 가능한 자신의 도덕적 우월함을 과시한다. 이 편에는 아무 피해도 입지 않은 합리적 전문가가, 저편에는 감정이 지나쳐 제대로 된 대화가 불가능한 비합리적 피해자들이 있다. 실제로 조용히 해달라고 요구하는 쪽이 전문가처럼 보일 때가 많다. 하지만 외양이 꼭 사실과 일치하지는 않는 법이다. 옳은 사람도 감정적일 수 있다. 차별과 착취와 폭력을 당해 분노하거나 슬퍼해본 적 있는 사람이 그런 일을 당한 적 없는 사람보다 훨씬 많은 것을 안다.

톤 폴리싱은 시끄러운 고함이 오가지 않는 상황에서도 가능하다. 상대의 말에 기분이 상했다 해도 말투를 지적하며 상대를 비난할 수 있다. "진정하세요." "침착하셔야죠." "그런 식으로 말씀하시니 좀 당황스럽습니다." 이 또한 주제에서 멀어지기 위한 톤 폴리싱이다.

비난하는 말에서
빠져나오기

상대의 지적이 부당하다는 느낌이 들면 '맥락으로 동의하는 기술'을 사용해보자. 맥락을 활용해 당신의 전달 방식을 합리적이고 적절하게 만드는 기술로 가령 상대가 "꼭 그렇게 소리를 지르셔야겠어요?"라고 비난한다면 "네, 지금은 그럴 수밖에 없네요. 그러니까……"라고 대응한다.

"당신 너무 흥분했어. 일단 진정 좀 해." 남편의 말에 아내는 자기 행동의 맥락을 설명하여 비판의 힘을 뺀다. "그래. 나 흥분했어. 지금 흥분 안 하게 생겼어? 내가 몇 번 부탁했어? 그런데도 변한 게 없잖아. 내가 바라는 건……"

이 기술은 톤 폴리싱이 아니어도 누군가 당신의 행동을 비판할 때 언제든지 사용할 수 있다. 가령 생산부에 여러 차례 프로토타입을 바꾸어달라고 부탁했는데도 생산부가 아무 설명도 없이 계속 뭉갠다. 왜 그러냐고 따졌더니 생산부장이 이런 황당한 대답을 던진다. "안 해주면 아, 하기 싫은가 보다 하고 눈치를 채야지. 왜 그렇게 고집불통이야?" 당신의 정답은 이렇다. "네, 제가 고집이 좀 셉니다. 이 건은 고집을 부릴 수밖에 없기도 하고요. 꼭 변경이 필요하니까 여러 차례 부탁을 드리는 것 아니겠습니까?"

맥락으로 동의하는 기술은 당신의 행동이 마른하늘에 날벼락이 아니라 상황에 따른 합리적인 반응이라는 사실을 당신 스스로 되새기게 해준다.

행동과 사람은 같지 않다. 잘못된 행동을 한다고 해서 사람을 직접 공격하고 모욕하는 것은 부당하다. "너 바보야?"와 "당신의 그 행동은 잘못이야"는 천지 차이이다. 행동을 비판하되 사람은 인정할 수 있다. 그것을 구분하지 못하면 설득의 기회도 날아간다.

Tech 24 맥락으로 동의하기

톤 폴리싱처럼 누군가 당신이 부적절한 행동을 했다고 비난하거든 그 행동에 동의하고, 왜 그럴 수밖에 없었는지 정당한 맥락을 언급한다.

- "맞아요. 나는 그래요. 이런 상황에서 안 그러고 배길 사람이 있어요?"
- "맞아요. 아무리 말해도 꼼짝도 안 하니 어쩔 수 없었어요."
- "맞아요. 나는 집요해요. 그러니까……"

"이상한 트라우마가 있으신 것 같은데…….."
: 인신공격으로 우위에 서려는 사람을
멈춰 세우는 법

"아무것도 모르면서 그렇게 함부로 말하지 마세요." 안전한 공급망 구축을 주제로 이야기가 끝나자 한 동료가 이렇게 대꾸한다. 이런 인신공격argumentum ad hominem으로 그가 노리는 대상은 주제가 아니라 사람이다. 지금껏 논의하던 주제는 관심 밖으로 밀려나고, 주제를 언급한 사람을 무대로 끌어올린다. "부서도 다른데 뭘 안다고 나서요?" 혹은 "아이가 있어요? 자식이 없으면 이해 못 할 텐데." 이런 식의 비난이 드물지 않다. 하지만 아이를 때리면 안 된다는 사실은 자식이 없어도 알 수 있다. 정신과 의사가 정신질환을 앓아보지 않아도 환자를 도와줄 수 있는 것과 같은 이치이다. 다른 부서 사람이라고 해서 고객 불만을 해소할 건설적인 방안을 제시하지 못할 이유가 없다.

당신의 발언을 깎아내릴 방법은 이런 인신공격 말고도 수없이 많다. 가령 주제 자체를 무시한다. "그거 말고 다른 문제는 없어서 참 다행이네요." 혹은 당신의 발언 내용이 과하거나 틀렸다고 왜곡한다. "아하, 그러니까 하고 싶은 말이⋯⋯" 이런 식의 표현은 모두 당신이라는 인간 혹은 당신의 발언을 깎아내린다는 공통점이 있다. 그러거나 말거나, 아는 척하지 말고 넘어갈 수도 있다. 토론을 하다 보면 그런 잠깐의 삼천포행은 예사이므로 괜히 건드려서 일 키울 필요는 없다. 하지만 한 번으로 그치지 않고 계속 반복된다면 가만히 두고 볼 일이 아니다. 물론 그렇다고 해서 당신도 똑같이 인신공격으로 대응하는 것은 바람직하지 않다. 그러다가는 서로 얼굴 붉히며 좋지 않게 헤어질 수도 있다.

이럴 때는 상대방 행동의 정체를 까발려 멈춰 세워야 한다. 지금 무슨 일이 일어나고 있는지 당신이 정확히 알고 있다는 사실을 상대에게 보여 주자. 하지만 상대가 깔아 놓은 판으로 들어가서 추가 공격의 빌미를 주어서는 안 된다.

1. 까발린다
상대의 대화법을 짧게 요약한다.

2. 멈춘다
그 대화법을 멈춰 세우고 다시 원래의 주제로 돌아간다.

이렇게 하면 상대의 공격에 휘말리지 않고 원래의 주제로 돌아갈 수 있다. 공격하지 않아도 상대가 당신의 의도를 알아차린다. 이렇게 일단 까발리고 나면 상대가 다시 똑같은 짓을 할 확률은 낮아진다.

앞의 동료처럼 아무것도 모른다고 비난하거든 이렇게 대꾸해보자. "제 개인의 의견이라고 말씀하고 싶으신가 본데 그렇지 않습니다." 혹은 "벌써 여러 번 건의했는데요. 제 개인 생각이 아니라 부서 차원에서 나온 의견이라서……" 그 후 대화를 보다 효율적으로 이끌어가자고 부탁한다. 상대가 "여자 아니랄까 봐", "남자 아니랄까 봐"라는 식으로 성별을 가를 때는 이런 대답이 가능하다. "남자냐 여자냐가 중요한 게 아니잖습니까. 지금 요점은……"

상대가 "그건 문제가 아니에요"라고 말하거든 그 말의 숨은 뜻을 까발린다. "문제를 별것 아니라고 생각하시면 해결책이 안 나옵니다. 지금 중요한 것은……" 이렇게 대응하면 누가 어떤 말을 해도 좋은지, 해도 되는 말과 안 되는 말은 무엇인지와 같은 중요하지 않은 곁가지로 흐르지 않고 토론을 다시 본래의 내용으로 돌릴 수 있다.

"이걸 이해 못 하면 바보지." 누군가 이렇게 말한다면 상대의 본심을 까발린다. "자기랑 생각이 다르다고 바보라고 부를 수야 있겠지만 그래서는 토론이 잘 될까요?" 이렇듯 상대가 당신의 말을 오해하거나 근거 없는 비난을 퍼붓는다면 상대의 진심을 까발리자.

온라인 인터뷰에서 어떤 여성이 임신 중에 산부인과 의사한테 뱃속 아기가 다운증후군이거나 사산될 수도 있다는 말을 듣고 큰 충격을 받았다고 털어놓았다. 인생 최악의 순간이었다고 말이다. 그러자 한 시청자가 이런 라이브 댓글을 달았다. "에이블리즘 ableism!" 에이블리즘이란 장애인 차별을 말한다. 다른 시청자들이 우르르 따라 댓글을 달았다. "장애인 차별하지 맙시다." 누군가 단어 선택에 예민하게 반응하면서, 그녀가 에이블리즘의 의도를 갖고 말한 것도 아니건만 제멋대로 그렇다고 가정하였다. 그 여성의 반응은 이랬다. "나는 그저 전화를 받았을 당시 내 마음이 어땠는지 말씀드린 것뿐입니다. 아기가 살 수 없을지도 모른다고 하니 정말 무서웠다고요. 나는 우리 아기를 사랑하고 그래서 1초도 고민하지 않고 낳았습니다. 그러니 괜한 억측은 하지 말아주세요." 올바른 반응이었다.

특히 가치관이 오가는 주제에서는 오해가 빚어질 위험이 크다. 누군가 이렇게 말한다. "여성의 평등권을 목표로 싸워야 합니다. 아직 걸림돌이 많아요." 그럼 곧바로 이런 반응이 나온다. "남자와 여자가 동등해야 한다는 주장 자체가 웃기는 것 같아요. 어떻게 남녀가 똑같아요?" 하지만 그런 말은 한 적이 없다.

그런 식의 억측은 절대 넘어가지 말고 바로잡아야 한다. 그릇된 해석을 까발리고 기울어진 각도를 바로 세워야 한다. "아니요. 그런 말 한 적 없습니다. 제 말은……" 혹은 "억측은 삼가해주세요. 잘못 알아들으신 겁니다. 저는……"

나에게 문제를 돌리는
'심리화'에서 벗어나기

자기가 옳다는 사람들은 다양한 방법으로 자기 뜻을 관철하려 한다. 심리의 위계를 구축하는 방법도 그중 하나이다.

하루는 나의 지인이 큰 강당에서 열린 유명 모티베이션 트레이너의 행사에 참석했다. 몽환적인 음악이 깔리고 트레이너가 무슨 도사처럼 무대에 서서 참석자들에게 이런 말을 날렸다. "당신은 많은 시간을 함께 보내는 5인의 평균치이다." "믿기만 하면 다 이룰 수 있다." 참석자 대부분이 열광했지만, 충격에 빠져 황당해하는 일부 참석자도 있었다. 내 지인도 후자였다. 트레이너가 강연을 마치더니 옆자리에 앉은 사람들과 서로 어깨 마사지를 해주라고 하였다. 지인의 옆자리에 앉은 처음 보는 남자가 눈을 반짝이며 팔을 뻗었지만 내 지인은 거절했다. 행사가 끝나고 트레이너와 잠시 이야기를 주고받다가, 행사 소감을 묻는 그에게 지인이 마사지는 당황스러웠다고 대답했다. 트레이너의 대답은 예상대로였다. "그렇게 생각하다니 의외인데요. 자신의 마음을 한번 들여다보세요. 신체 접촉에 트라우마가 있는 건 아닌지."

트레이너는 나의 지인을 '정신분석 카우치'로 데려가 누였다. 사실 그의 대답은 자기변호의 전형적 패턴 중 하나이다. 비판하는 사람에게로 책임을 돌리는 패턴 말이다. 문제는 자신이 아니라 상대에게 있다. 자신의 말과 행동에 백 퍼센트 동의하지 않는 사람은 '아직 거기까지 도달하지 못한' 사람이고, 질투에 불타고 있으며, 분노나 슬픔에서 헤어나오지 못했기에 그 그릇된 신념을 떨쳐내야 한다. 이것을 심리화라고 부른다. 사람의 마음을 조작하는 한 가지 방법이다.

아마 당신도 들어보았을 것이다. 아래는 대표적인 심리화 논리들이다.

- "내 강의를 듣고도 레벨이 오르지 않았다고요? 내가 아무리 좋은 내용을 가르쳐드리면 뭐하나요? 실천을 안 하시는데."
- "이 제품에 이만큼 돈을 안 쓰시겠다고요? 머니 마인드셋이 시급하십니다. 미래에 투자를 안 하시네요."
- "물론 반대하는 직원들이 있겠지만, 뭐 어디 가나 징징대는 불평꾼들은 있기 마련이니까요."

이런 말은 이해심이 넘치는 듯 들리기에 상대를 깎아내리려는 의도도, 자신을 비판하는 모든 이와 선을 그으려는 외침도 쉽게 알아차릴 수 없다. 이런 식의 심리화를 비판 면역화 혹은 면역화 전략[3]이라고도 부른다. 무슨 말을 하건 상대의 말은 먹히지 않는다. 상대에게 문제가 있기 때문이다. 상대는 자신의 신념을 재검토해야 한다. 물론 자기성찰은 바람직하다. 하지만 왜 비판을 받은 사람은 절대 반성하지 않는 걸까?

누군가 탐조등의 방향을 당신과 당신의 정신건강 쪽으로 돌리고 자기는 책임에서 쏙 빠져나가면서 어떤 비판도 허용하지 않는다면, 무조건 귀를 쫑긋 세우고 조심 또 조심할 일이다.

정신분석 카우치에서 내려와라!

상대가 당신을 '정신분석 카우치'에 누이려고 하면 어떻게 해야 할까? 상대의 심리화 전략을 거울로 되비추는 것이 한 가지 방법이다. "그것만 해결책이라고 생각하는 건 너무 융통성이 없는데요." "저보다 그쪽의 머니 마인드셋을 살펴봐야 하지 않을까요?" "제가 아니라 그쪽이 트라우마가 심하신 것 같은데……"

이런 되비추기는 상대의 논리가 완벽하지 않다는 사실을 까발린다는 장점이 있지만, 상대를 자극할 수도 있다. 따라서 논쟁이 격해지기를 원치 않는다면 상대를 고민하게 만드는 다른 방법이 더 좋겠다. 앞서 소개한 내 지인은 낯선 남자에게 마사지를 안 받으려고 하다니 "마음을 좀 손봐야겠다"는 트레이너의 지적에 이렇게 대답했다. "비판을 잘 수긍하지 않으시죠? 아니면 자신과 생각이 다른 사람은 다 문제가 있다고 보시는 건가요?" 트레이너는 당황했다. 그런 반응을 전혀 예상치 못한 것 같았다. 잠시 어버버하던 그가 이렇게 맹세했다. "아니, 그건 절대 아닙니다. 비판은 받아들여야죠. 다시 한번 문제점을 말씀해주시겠어요?" 드디어 두 사람은 같은 눈높이에 섰고, 그 이후로는 다른 주제에 관해서도 허심탄회하게 이야기를 나누었다.

이 기술은 까발리기와 비슷하지만 거기서 멈추지 않는다. 상대가 당신의 심리를 향해 비춘 탐조등을 다시 상대에게로 돌린다. "그러니까 X를 안 좋아하는 사람은 모두 문제가 있다는 말씀이세요?" 물론 까발리고 멈추기도 가능하다. "있지도 않은 심리 문제를 지어내서 비판을 무마할 수도 있겠지만 제가 정말 궁금한 것은 X의 배경입니다." "비판한다고 전부 심리적으로 문제가 있다고 생각지 않습니다. 하지만 제가 진짜 하고 싶은 말은 그것이 아니고……" 상대의 전략을 알아차리고 그 사실을 언급하는 순간 심리화는 효력을 잃는다. 상대가 다시 같은 방법을 쓸 확률은 낮다. 만일 또 그러더라도 이제 당신은 휘말리지 않을 것이다.

상대가 당신의 말을 곡해하거나 공정하지 못한 대화법을 쓰거든 그 방법의 정체를 밝혀서 멈춰 세운다.

- "그런 식의 행동은 문제 해결에 도움이 안 됩니다. 지금 필요한 건……"
- "지금 하신 행동은 ……입니다. 하지만 이러저러한 상황이므로 지금 우리가 해야 할 일은……"
- "그건 억측입니다/과장입니다/틀렸습니다. 제 말은……"

심리화란 당신에게 (심리적인) 문제가 있다는 억측으로 당신을 조종하려는 전략이다. 문제의 탐조등을 당신과 당신의 정신으로 돌린다. 이럴 때는 탐조등의 방향을 다시 상대에게로 돌려 그가 무슨 짓을 하는지를 밝힌다. 이어지는 멈추기 단계는 해도 좋고 안 해도 좋다.

- "비판을 잘 수긍하지 않으시죠? 아니면 자신과 생각이 다른 사람은 다 문제가 있다고 보시는 건가요?"
- "이 지점을 비판한다고 해서 무슨 문제가 있거나 잘못한다고는 생각하지 않습니다만, 지금은 더 중요한 문제가 있으니……"

나쁜 사람이 되기 싫은 사람을 위한 조언
: 정서적 협박에 휘말리지 않고
결정을 고수하는 법

설득하는 과정에서 정서적 협박을 사용하는 사람이 적지 않다. "내가 상사인데, 상사를 존경하고 지원한다면 내가 맡기는 업무를 마다하지 않아야지." "회사를 생각하는 직원이라면 지금 이 행동이 옳지 않다는 걸 당연히 알 거야." "날 사랑한다면서 어떻게 그런 말을 할 수 있어?" 보험설계사가 묻는다. "어떤 일이 있어도 가족이 편안하게 살 수 있기를 바라세요?"

이 모든 말에는 공통점이 있다. 요구대로 하지 않으면 당신이 좋은 특성을 잃고 말 것이라는 의미가 담겨 있다. 상사를 존경하는 우수한 직원이나 아내를 사랑하며 가족을 생각하는 사람이 되지 못한다는 것이다. 이러한 정서적 협박은 당신의 마음에 감정을 불러일으켜 특정 행동을 강요한다.[4] 많은 이가 협박을 이기지 못하고 상대의 요구를 따른다. 자신의 긍정적 역할을 잃고 싶지 않기 때문이다. 물론 그중에는 상대와의 대결도 불사해 자신의 관점과 역할을 사수하는 사람도 있다.

하지만 이 둘을 결합하여 협력적으로 자기 뜻을 주장하는 방법도 있다. 그러자면 상대의 말에 숨은 트릭을 이해해야 한다. 상대의 모든 말은 당신이 '좋은 사람'이라면 마땅히 따라야 할 긍정적 가치관을 제품이나 업무와 한데 묶는다. 좋은 사람이라면, 가족을 걱정한다면 이 보험을 들고 싶을 것이다. 그렇지 않다면 당신은 가족을 소중하게 생각하지 않는 사람이다.

가치관과 입장을 분리한다

가치관과 제품을 한데 묶는 방법이 너무나 교묘해서 협박은커녕 요구라고 느끼지 못하는 경우도 많다. 수백만 팔로워를 거느린 인플루언서가 자기 제품을 팔면서 인스타그램 스토리에 이런 글을 올린다. "다들 지지해줘서(제품을 사줘서) 얼마나 기쁜지 몰라. 너희들의 지지가 얼마나 큰 힘이 되는지 너희는 모를 거야. 솔직히 금전적으로는 아무 이득도 없어. 그저 너희들에게 기쁨을 나눠주고 싶은 것일 뿐. 그동안 늘 곁에서 나를 지켜준 너희들이니까. 여기서 함께한 우리니까. 누가 주문했는지 나중에 찾아보고, 최대한 모두에게 연락할게."

그가 제품 구매와 결합한 가치관은 총 다섯 가지이다. 지지, 이

타심, 충성심, 연대감, (제품을 구매하면 따라올) 애정. 꼭 나쁜 의도는 아니었다고 해도 이런 식의 행동 방식은 가치관을 나누고, 자기 스타의 인정을 받고 자신이 충성하고 지지하는 공동체의 일원이 되기 위해 마지막 남은 푼돈까지 긁어모아 갖다 바치도록 만든다. 현실에서 그런 가치를 경험하지 못하고 늘 외톨이라 생각하는 사람일수록 더 걸려들기가 쉽다.

이웃사랑, 존경심, 인내, 아동보호…… 상대가 자기 입장을 어떤 가치와 결합하건, 그 가치는 당신의 고심과 결정과는 아무런 상관이 없다. 따라서 상대가 말한 가치관에 동의하면서도 다른 결정을 내려서 그 둘을 떼어 놓을 수 있다. "네, 중요하죠. 그렇지만 저는……" A에는 동의해도 그에 따라오는 B에는 동의하지 않는다.

상사가 당신에게 "내가 상사인데, 상사를 존경하고 지원한다면 내가 맡기는 업무를 마다하지 않아야지"라고 협박하면 관계는 인정해도 입장은 거부한다. "당연히 존경하지요. 그래도 지금 업무량이 너무 많아서 추가 지시는 곤란합니다." 배우자가 "날 사랑한다면서 어떻게 그런 말을 할 수 있어?"라고 할 때도 사랑은 강조하되 그의 입장은 거부한다. "사랑하지, 너무너무 사랑해. 하지만 사랑한다고 내 생각을 말할 수 없는 건 아니잖아." 동료가 "그동안 사장님이 얼마나 잘해줬어? 그런데 감사할 줄 모르고 이럴 때 사표를 내?"라며 질책하면 이렇게 항변한다. "감사하지, 왜 모르겠어. 그래도 내 개인적인 사정도 있는 거니까." 보험설계사가 "어떤 일이 있어도 가족이 편안하게 살 수 있기를 바라세요?"라고 물으면 이렇게 대답한다. "물론이죠. 하지만 꼭 보험을 들어야 편안한 건 아니니까요."

누가 당신을 칭찬할 때에도 감정에 휩쓸리지 않게 조심한다. 누군가 당신에게 하기 싫은 일을 맡기려고 부탁을 칭찬과 결합하여 감정을 부추긴다. "자기가 엑셀 잘한다고 회사에 소문이 파다하더라. 그래서 부탁인데 이거 좀 해줄 수 있어? 자기가 하면 금방인데 내가 하면 며칠 걸릴 거야." 이럴 때 거절을 하면 상대의 칭찬에 감사하지 않는 듯한 기분이 든다. 하지만 칭찬에 따른 감사는 부탁의 승낙 여부와는 별개이다. 감사의 마음을 업무와 구분하자. "칭찬은 고마워. 근데 내가 일이 너무 많아서 일정 확인을 좀 해봐야겠네."

이런 식의 설득 기술은 어디서나 목격된다. 특히 광고와 마케팅에서 자주 쓴다. "소중한 당신에게 이 정도는 주어야 하지 않나요?" 혹은 "당신의 발전을 위해서라면 이 정도 노력은 필요치 않을까요?" 어떤 질문에도 대답은 똑같다. "그럼요. 소중하고 중요하죠. 하지만 그게……" 그래야 압박감이 없는 상태로 내가 진정 무엇을 원하는지 차분히 생각해볼 수 있다. 상대도 이 수법이 당신에게는 통하지 않는다고 깨닫고 다시는 써먹지 않을 것이다.

"이걸 반대하면 부패를 돕는 거야." 혹은 "이걸 지지하다니 장기적인 안목이 없어." 이런 식의 말이 오가는 토론에서는 가치관을 입장과 분리할 줄 알아야 한다. 둘은 아무 상관이 없다. 하나의 가치관을 실천할 방법은 여럿이다.

Tech 26 정서적 협박을 물리친다

정서적 협박이란 가치관이나 관계를 입장과 결합하여 당신의 마음에 감정을 불러일으킴으로써 특정 행동을 강요하는 행위이다. 이럴 때는 가치관과 관계에는 동의하되 다른 입장을 선택하여 협력적인 방법으로 자기 입장을 주장할 수 있다. 아래의 표현 방식이 적절하다.

• "그럼요, 중요하죠. 그렇지만 그게……"

뭔가 느낌이 이상하고 압박감이 들 때
해야 할 것
: 상대의 가치 프레임에 말려들지 않으려면

계약 협상에서 내용 변경에 동의하지 않을 때 자주 써먹는 말이 있다. "왜 항목을 이렇게 많이 바꾸려고 하죠? 우리를 못 믿어요?" '선 넘는 말에 웃음으로 받아치는 기술(기술 22)'에서도 이미 언급한 적 있는 말이다. 하지만 나는 이 말을 계약 협상 때마다 어찌나 자주 들었는지, 대처법이 한 가지 더 필요하다는 생각이 든다. 그 방법 은 상대의 말이 (앞의 기술에서 배웠듯) 입장과 가치관을 한데 묶는 다는 사실에 착안한다. 다시 말해 상대의 입장은 특정 가치 프레임 안에 들어가 있다. 따라서 상대의 말에 동의하지 않으면 당신은 졸 지에 신뢰라는 중요한 가치를 실천하지 않는 사람이 되어버린다. 당연히 신뢰가 부족하다는 비판이 먹힐 것이고, 수세에 몰리기 싫 어 많은 이가 서둘러 양보한다. "좋아요. 합시다. 신뢰를 바탕으로 협력할 수 있게 되어 저도 매우 기쁩니다."

하지만 마음이 불편하더라도 절대 쉽게 넘어가서는 안 된다. 계약을 맺는다고 해서 상대의 가치 프레임까지 인정할 필요는 없다. 또 계약을 체결할 때는 신뢰가 아니라 양쪽이 지켜야 하는 규정과 기준이 중요하다. 그 규정이 쌍방이 지켜야 할 의무를 정하고, 혹시 모를 불상사를 예방하며, 나아가 혹시라도 불상사가 일어났을 때 대응 방식을 결정한다. 이 모든 것은 신뢰와는 아무 상관이 없다.

그러므로 상대의 가치 프레임을 거부하고 프레임을 바꾸어보자. "지금 우리에게 필요한 것은 신뢰가 아닙니다. 우리는 지금 상호 간 협력을 규정할 공정하고 전문적인 계약을 진행하는 중입니다. 따라서 아래의 항목들이 꼭 필요하다고 생각합니다." "그게 아니라 이것이 중요합니다." 이런 간단한 패턴으로도 가치관 논쟁에 말려들지 않고 신속하게 원래의 논의로 되돌아갈 수 있다.

시간이 없어서 동료의 도와달라는 부탁을 거절하면 돌아오는 대답은 뻔하다. "우리는 한 팀이야. 같은 팀에게 이러면 어떡해? 저번 주에 내가 도와줬잖아." 당신은 그의 압박을 이렇게 거절할 수 있다. "팀이냐 아니냐가 중요한 게 아니잖아. 해주고 싶어도 도저히 시간이 안 나는 걸 어떻게 해. 미안해."

비싼 웰빙 여행 상품을 거절하자 여행사 직원이 묻는다. "요즘은 정신건강이 트렌드인데, 그쪽은 관심이 없으신가 봐요?" 트렌드라는 말에 혹하지 말고 자기주장을 굽히지 말자. "트렌드도 좋지만 가성비도 중요하니까요. 총 얼마라고 했죠?"

뭔가 느낌이 싸하고 압박감이 들거든 가치 프레임을 검증해보고 필요하다면 프레임을 교체하자.

Tech 27 가치 프레임을 바꾼다

누군가 자신의 상품이나 입장을 특정 가치 프레임으로 포장하여 당신을 설득하려거든 그 프레임을 검증하고, 부적절하다는 판단이 들면 교체하자. 적절한 패턴은 이렇다.

• "그게 중요한 게 아니라……."

"늘 그래왔잖아"를 물리치는
간단하고 신속한 방법
: 비교는 몇 마디 말로 오류를 무너뜨린다

토론에서 의견이 갈릴 때 상대를 설득하는 방법은 근본적으로 두 가지이다. 당신의 의견을 강화하거나 상대의 의견을 약화한다. 하지만 상대가 흔들리지 않는 신념에 사로잡혀 있다면 뚫고 들어가기가 쉽지 않다. "늘 그래왔어." "자연에 맡겨야지." 이런 식의 말을 어떻게 반박할까? 마지막으로 그런 신념이 내용은 물론이고 논리적으로 옳지 않다는 사실을 파악하고, 매우 간단하고도 신속하게 물리칠 방법을 배워보자.

일단 예를 하나 들어보자. 누군가 말한다. "직감을 믿어야 한다." 물론 직감이 도움이 될 때도 있지만 그렇지 않을 때도 많다. 그러나 "틀렸다"는 말만으로는 상대를 반박할 수 없다. 왜 직감이 틀릴 수 있는지(상대가 근거로 삼은 정보가 불충분하거나 틀렸을 수도 있고, 나쁜 경험으로 직감이 왜곡되는 경우도 있다) 이유를 설명하는 것은 조금 더 낫다. 거기에서 한 걸음 더 나아가 비교를 끌어오면 설득력이 훨씬 더 커진다. 비교는 몇 마디 말로 틀린 내용을 무너뜨린다. 한 마디로 상대를 설득하는 지름길인 셈이다. 상대의 틀린 주장을 그 주장이 통하지 않는 다른 맥락으로 밀어 넣는다.

- "동료들에게 직감대로 의견을 제시할 때가 있는데 그게 늘 좋지는 않더라고."
- "뭔가 느낌이 안 좋아서 평생 돈을 예금통장에 가만히 두는 사람들이 의외로 많아. 하지만 투자 방법으로는 최악이지."
- "기분 따라 초콜릿을 먹지만 그게 몸에 좋은 것은 아니잖아."
- "세일 한다고 내키는 대로 막 사면 나중에 후회해."

비교는 논리보다 더 명확하고 빠르다. 하지만 항상 그 자리에 맞는 비유를 척척 떠올리기란 쉽지가 않다. 그런데 고집불통들의 신념을 가만히 살펴보면 논리적 오류를 따를 때가 많다. 그 오류를 잘 파악하고 있으면 조금 더 쉽게 적절한 비유를 내밀 수 있다. 대체로 가장 많이 발견되는 논리적 오류는 아래 세 가지이다.

- 자연주의 오류
- 전통 오류
- 그릇된 인과관계

자연주의 오류

자연주의 오류는 이런 신념을 따른다. 자연이 그러하기에 그에 따라야 한다! '현상'이 곧 '당위'라는 서술적 발언이 요구된다.[5] 따라서 존재 당위 오류라고도 부른다. 예를 들어보자.

- 인간은 타고나기를 최대한 에너지를 쓰지 않으려 한다. 따라서 인간은 최대한 에너지를 쓰지 말아야 한다.
- 남자와 여자만 가정을 꾸릴 수 있다. 따라서 남자와 여자만 결혼을 하고 가정을 꾸려야 한다.

이런 오류는 종교적 맥락에서, 혹은 식품 광고에서 자주 발견된다. 식품 회사들은 유전자 조작을 하지 않은 식품을 광고할 때 자연을 강조하지만, 과학 연구 결과 유전자 조작 식물이 그렇지 않은 식물보다 덜 건강하거나 더 건강하지 않다. 화장품 기업들도 천연성분을 광고한다. 그들이 전하려는 메시지는 한결같다. 자연적인 것은 전부 좋고 추구할 가치가 있다.

하지만 자연적이라고 해서 반드시 좋지는 않다. 비소나 우라늄, 뱀의 독처럼 자연에도 고도로 위험한 물질이 수두룩하다. 에테르 기름도 자연물질이지만 희석하지 않고 크림에 넣으면 피부를 자극한다. 천연 필링은 모서리가 날카로운 알갱이가 들어 있어서 피부를 손상하지만, 화학 필링은 부드러워서 민감한 피부에 더 좋다. 자연적인 행동도 반드시 좋지만은 않다. 자연은 잔혹하다. 동물은 서로를 잔혹하게 죽이고 잡아먹는다. 더구나 우리는 이미 수많은 인공물질에 둘러싸여 있다. 우리는 건물에서 살고 전기를 사용하며 노트북과 스마트폰을 쓰고 청바지를 입고 선크림을 바른다. 진통제와 예방접종도 자연적이지 않다. 하지만 화장품 기업들은 화학제품은 나쁘고 천연제품은 좋다는 우리의 믿음을 이용하여 자사 제품에 든 천연성분을 선전한다.

사실 천연물질과 '비非자연' 물질의 선을 긋기란 불가능에 가깝다. 세상 만물은 원자와 분자로 이루어진다. 바나나에 들어 있는 화학성분을 살펴보면 공장에서 만든 화학제품으로 착각할 지경이다.

INGREDIENTS: WATER (75%), SUGARS (12%) (GLUCOSE (48%), FRUCTOSE (40%), SUCROSE (2%), MALTOSE (<1%)), STARCH (5%), FIBRE E460 (3%), AMINO ACIDS (<1%) (GLUTAMIC ACID (19%), ASPARTIC ACID (16%), HISTIDINE (11%), LEUCINE (7%), LYSINE (5%), PHENYLALANINE (4%), ARGININE (4%), VALINE (4%), ALANINE (4%), SERINE (4%), GLYCINE (3%), THREONINE (3%), ISOLEUCINE (3%), PROLINE (3%), TRYPTOPHAN (1%), CYSTINE (1%), TYROSINE (1%), METHIONINE (1%)), FATTY ACIDS (1%) (PALMITIC ACID (30%), OMEGA-6 FATTY ACID: LINOLEIC ACID (14%), OMEGA-3 FATTY ACID: LINOLENIC ACID (8%), OLEIC ACID (7%), PALMITOLEIC ACID (3%), STEARIC ACID (2%), LAURIC ACID (1%), MYRISTIC ACID (1%), CAPRIC ACID (<1%)), ASH (<1%), PHYTOSTEROLS, E515, OXALIC ACID, E300, E306 (TOCOPHEROL), PHYLLOQUINONE, THIAMIN, COLOURS (YELLOW-ORANGE E101 (RIBOFLAVIN), YELLOW-BROWN E160a), FLAVOURS (3-METHYLBUT-1-YL ETHANOATE, 2-METHYLBUTYL ETHANOATE, 2-METHYLPROPAN-1-OL, 3-METHYLBUTYL-1-OL, 2-HYDROXY-3-METHYLETHYL BUTANOATE, 3-METHYLBUTANAL, ETHYL HEXANOATE, ETHYL BUTANOATE, PENTYL ACETATE), 1510, NATURAL RIPENING AGENT (ETHENE GAS).

바나나에 얼마나 많은 화학 성분이 들어 있을까?[6]

자연적인 것은 좋지도 나쁘지도 않다. 다음과 같은 말이 들리면 자연주의 오류를 의심해야 한다. "인간은 원래 그래." "자연이 정한 대로 살아야지." 자연주의 오류에는 이렇게 대응할 수 있다. "자연적이라고 해서 다 좋은 건 아니지. 나는 오히려 ……이 더 좋다고 생각해." 이런 생각을 말로 옮겨 설명하거나, 비교로 상대의 오류를 밝히자. 비교할 때는 같은 오류를 따르는 다른 내용을 활용한다. 예를 들면 아래와 같다.

- "우라늄은 천연물질이지만 맹독성이야."
- "코카인은 천연물질이지만 몸에 안 좋잖아."
- "인간은 원래 저장하는 습관이 있어. 그래도 너무 심하면 저장강박증 환자가 되지."
- "인간은 원래 긴장을 싫어해. 그렇다고 종일 소파에 누워 뒹굴뒹굴하는 건 아니잖아."

전통 오류

"늘 그래왔잖아." 전통 오류에 빠진 대표적인 표현이다. 전통 오류는 과거에 그렇게 했으므로 당연히 좋다는 원리를 따른다. 자녀 교육부터 이직, 식습관에 이르기까지 과거의 것은 지금도 통하므로 바꾸지 말아야 한다. 지금 상황과 맞건 말건 과거의 행동을 그대로 따라야 한다.

- "예전에는 안전모 안 쓰고도 자전거 잘만 탔어. 그게 왜 필요해?"
- "예전에도 빈부격차는 늘 있었어. 부자가 있으면 가난한 사람이 있는 거지."

"요즘 젊은것들은 호강에 겨웠어. 그래서 버릇이 없어. 어른 공경할 줄도 모르고." 이런 말 역시 '과거가 더 좋았다'는 전통 오류에 젖어 있다. 하지만 지금으로부터 2,000년도 더 전에 살았던 소크라테스도 같은 말을 했다고 한다. 과거는 늘 더 좋아 보이는 것 같다. 또 어느 시대에나 어른들 눈에는 요즘 젊은것들이 통 불만스러운 모양이다.

인류는 기술적으로나 과학적으로 엄청난 발전을 이루었고 그 덕을 톡톡히 보며 살지만 너무나도 자주 전통 오류에 빠진다. 지금 우리는 돌로 불을 붙이지 않는다. 마녀를 화형하지도 않고 노예를 부리지도 않는다. 도시는 배수시설을 갖추어 청결과 위생을 유지한다. 또 우리는 지구와 인간 정신, 건강에 관해서도 온갖 과학적 지식을 알고 있다. 지구는 납작하지 않고 타원형이며, 아동에 대한 정신적·물리적 폭력은 큰 상처를 남긴다는 사실 등을 말이다.

그런데도 우리는 전통에 집착한다. 기억 속 과거를 실제보다 더 아름답게 그리는 일종의 과거 미화나 향수이다.[7] 이러한 과거의 향수를 광고나 특정 정당들이 적극 이용해 먹는다. 가령 보수적인 가족 형태를 지금도 그대로 유지해야 한다고 주장한다.

전통 오류는 다음과 같은 말로 표현된다. "우리는 늘 그랬어." "예전에는 그러지 않았는데." 이런 말들은 새로운 과학적 인식과 우리가 몸담은 새로운 맥락을 고려하지 않는다. 이에 대응하는 생각은 이렇다. "예전에 그랬다고 지금도 좋은 건 아니잖아. 훨씬 더 좋은 것들이 널렸는데."

그 생각을 그대로 말로 옮겨 설명할 수도 있겠지만, 마찬가지로 비교로 오류를 바로잡을 수도 있다. 비교할 때는 같은 오류를 따르는 다른 내용을 활용한다. 예를 들면 아래와 같다.

- "예전에는 성병을 치료한다고 수은을 사용해서 환자들이 수은중독이 되었잖아."
- "예전에는 안전벨트도 안 맸어."
- "예전에는 폭력을 휘둘러도 부부싸움에는 아무도 끼어들지 말아야 한다고 생각했어."

그릇된 인과관계

인간은 확실한 것을 좋아한다. 그래서 그릇된 인과관계에 바탕을 둔 사고패턴이 자주 목격된다.[8] 의미와 연관성을 너무도 갈망하기에 설사 틀렸다 해도 연관성이 있기만 하면 서둘러 수긍한다.

특히 두 가지 형태의 가짜 인과관계가 가장 흔하다.

1. 한 사건이 그 뒤에 오는 것의 원인이다(전문용어로 'Post hoc ergo propter hoc'라 부르며 '그 후에, 그래서, 그 때문에'라는 뜻이다).
2. 동시에 일어난 사건은 반드시 서로 관련이 있다('Cum hoc ergo propter hoc'라 부르며 '이것과 함께, 그래서 그 때문에'라는 뜻이다).

첫 번째 예를 들어보자. "오늘 아침에 침대에서 나올 때 왼발부터 짚었더니 끔찍한 일이 일어났어." 업Karma에 대한 믿음이 바로 이런 오류에 바탕을 둔다. 착한 일을 했더니 좋은 일이 일어났다. 악행을 저질렀으므로 나쁜 일이 일어났다. 물론 우리는 그 생각이 사실이 아님을 잘 안다. 누구나 실수로 문에 머리를 찧고, 누구나 뇌졸중에 걸릴 수 있다. 아무 죄 없는 아기가 암에 걸린다. 마음씨 착한 사람은 돈도 없고 몸도 아픈데 못된 인간은 배 터지게 잘 먹고 잘산다. 행복과 성공은 대부분 우연에 좌우되며[9], 우리는 재능이나 준비로 그 운을 이용할 수 있다. 그래서 "기회는 준비된 자에게 온다"는 속담도 있는 것이다.

물론 그 기회가 아예 오지도 않는 사람도 많다. 하지만 성공과 행복이 오직 자기 손으로 일군 결과라고 믿으면 자존감이 껑충 뛴다. 더구나 인간은 만사를 수중에 두고 통제하고 싶어 하며, 원인을 알고 싶어 한다. 이런 강렬한 욕망이 만든 오류가 바로 그릇된 인과관계이다.

원인을 설명할 수 없는 일은 다른 원인 탓으로 돌린다. 예전에는 날씨를 신의 변덕이라 여겼고 지금도 원인을 알 수 없는 질병은 다 스트레스 탓이다. 원인을 몰라서 통제할 수 없는 상태는 견디기 힘들다. 그 틈을 반드시 메워야 한다. 설사 틀렸더라도 논리적으로 들리는 말에 비중을 둔다.[10] 그래서 이런 말들을 한다. "X가 일어났으니 이제 Y 차례야." "X가 일어났으니 이제 뭔 일이 날지는 안 봐도 뻔하지."

그런 오류 역시 비교를 이용해 처리할 수 있다. 기본적인 방법은 같다. 오류에 대응하는 기본 생각은 이렇다. "차례차례 일어났다고 해서 꼭 둘이 연관성이 있는 것은 아니지. 원인이 ……일 수 있는데 말이야." 비교할 때는 같은 오류를 따르는 다른 내용을 활용한다. 예를 들면 아래와 같다.

- "닭이 동트기 전에 우는 것은 맞지만 그렇다고 해서 닭이 울어야 해가 뜨는 것은 아니지."
- "헬무트 슈미트는 줄담배를 피우고도 96살까지 살았지만 그렇다고 담배가 건강에 좋은 것은 아냐."
- "어제 딸기잼을 먹었는데 오늘 연봉 인상했어. 하지만 매일매일 딸기잼만 먹어서 연봉을 올릴 수 있는 건 아니지."

이제 두 번째 그릇된 인과관계의 사례를 들어보자. 아이스크림 소비가 늘어나면 산불이 더 많이 난다. 그렇지만 산불의 원인은 아이스크림이 아니라 공통변수, 즉 기온이다. 기온이 오를수록 아이스크림 소비는 늘고 산불의 위험은 커진다.[11] 상관관계는 있지만, 직접적 인과관계는 아니다. 심지어 연관성 자체가 없어서 완전히 별개로 일어난 우연한 사건인 경우도 많다. 코를 푸는 순간 고양이가 죽었다면 둘 사이에는 아무 관계도 없다.[12]

그런데도 동시에 일어난 사건을 연관 짓는 경우가 허다하다. 육식하면 공격적이다. 이유는 날고기와 그 안에 든 항생제가 공격성을 키우기 때문이다. 채식하면 아프다. 이유는 식물에 단백질이 부족하기 때문이다. 아이에게 심리적 문제가 있다면 그건 엄마가 일을 너무 많이/적게 하거나 젖을 주지 않기/너무 많이 주기 때문이다.

대표적인 표현이 "X를 하는데 ……하지 않을 수 없다"이다. 인과관계 오류에 대응할 기본 생각은 이렇다. "차례차례 일어났다고 해서 꼭 서로 관련이 있는 것은 아니야. 진짜 원인은……" 오류를 따르는 다른 내용을 활용해서 이 생각을 비교로 표현해보자. 예를 들면 이렇다.

- "그럼 그럼, 지구온난화가 진행되는 동안 해적 숫자가 자꾸 줄었어.[13] 그렇지만 줄어드는 해적 숫자가 지구온난화를 일으키는 건 아

니잖아."

- "황새가 많은 곳에는 출산율도 높지만 그렇다고 황새가 아기를 데리고 오는 건 아니지."

- "나는 매일 아침 이부자리를 정리해. 그렇지만 지금 내가 아픈 게 그 때문은 아니잖아."

Tech 28 비교로 오류를 밝힌다

오류가 있다면 찾아내서 밝히자. 비교를 활용하면 좋다. 즉 같은 오류를 따르는 다른 내용을 이용한다.

- "닭이 동트기 전에 우는 것은 맞지만 그렇다고 해서 닭이 울어야 해가 뜨는 것은 아니지."(그릇된 인과관계)
- "예전에는 성병을 치료한다고 수은을 사용해서 환자들이 수은 중독이 되었잖아."(전통 오류)

온라인 소통의 특수한 문제점
: 얼굴이 보이지 않을수록 섬세하게

온라인 소통은 쉽게 가열되고 거칠어진다. 그 이유를 알면 자연히 대처 방법도 나올 것이다. 문자 소통의 역학을 파악하면 그 역학을 부수고, 댓글창의 악플러를 선플러로 만들 수 있다. 또 설사 그렇게는 안된다 해도 보다 침착하고 여유 있게 대처할 수 있을 것이다.

온라인에선 빨리 흥분하고 더 무례한 행동을 한다. 여러 이유 탓이다. 첫째, 우리는 글자를 말과는 다르게 인지한다. 온라인 소통에서는 감각 채널이 축소되므로 상대의 목소리를 듣지도, 신체 언어를 보지도 못한다. 따라서 내용이나 감정에서 오해가 생기기 쉽다. 글자를 읽을 때는 감각 인지의 틈을 부정적인 해석으로 채우는 경향이 있다.[14]

또 우리는 온라인에서도 나의 의견에 부합하는 정보를 더 믿는다. 온라인에는 모든 입장과 확신을 입증해줄 증거가 넘쳐나고, 알고리즘은 우리가 자주 보는 정보와 비슷한 내용의 정보를 계속해서 권한다. 게다가 소셜미디어 플랫폼에선 공동의 목표를 추구하는 동지를 빠르게 찾을 수 있다. 동지들의 엄호가 주는 소속감은 더 심한 말도 할 수 있게 한다. 또 많은 사람이 함께 소통을 주고받다 보니 자기가 한 말을 되돌리기가 힘들다. 한번 공식적으로 뱉은 말을 취소하려면 체면을 구길 수밖에 없다. 익명성도 거침없는 행동에 한몫한다.

정서적인 내용은 특히 클릭 수가 올라간다. 분노의 "미치겠네, 또 연착이야!"[15]는 객관적인 설명이나 해결방안보다 조회 수가 훨씬 더 높다. 온라인에선 무엇이건 드라마틱하게 생각하는 경향이 있다.

이 모든 요인이 오해를 부른다. 소통은 더 많아졌지만, 서로를 더 많이 이해하지는 못한다. 심지어 편 가르기가 더 심해지기도 한다. 접촉이 잦을수록 소통이 더 잘 될 것이라는 생각은 틀렸다. 협력하는 환경과 공동의 목표가 조성되어 서로를 향한 의혹을 해소할 수 있을 때라야 진정한 소통이 이루어진다.[16] 따라서 소통의 횟수만 늘릴 것이 아니라 대화의 질을 높이고 무엇보다 아래의 유의사항을 명심해야 한다.

때로는 담담하게

모든 도발이나 모욕에 응할 필요는 없다. 때로는 긴장도 참을 수 있어야 하고 도발도 무시할 수 있어야 한다. 그래야 논쟁을 다시 객관적인 차원으로 되돌릴 수 있다. "싸움도 골라서 해라!Pick your battles!"

독일 화학자 마이 티 응우옌 킴Mai Thi Nguyen-Kim이 유튜브에 코로나 바이러스에 대한 영상을 올리자 인신공격성 댓글이 수두룩하게 달렸다. 에어로졸에서의 코로나 바이러스 확산을 다룬 영상에는 이런 댓글도 달렸다. "틀렸어요. 공기 습도가 낮으면 에어로졸은 더 잘 녹습니다. 증기압과 관련이 있지요. 기본 교과를 더 공부하셔야겠어요." 화학자인 마이에게 기본 교과를 더 공부하라니, 인신공격이었다. 이럴 때 와락 달려들어 공세를 펼치면 상대는 방어 모드에 돌입한다. 그런 토론은 악순환에 빠지기 십상이다. 마이는 도발에 응하지 않고 사실에 대한 대답만을 올렸다. "에어로졸은 녹지 않습니다. 순수 물이 아니라 (바이러스 같은) 용해된 물질이 들어 있기 때문이지요. 그래서 빠르게 평형 크기로 수축합니다. 공기가 건조할수록 에어로졸의 크기는 줄어듭니다. 작은 입자는 공기 중에 더 오래 머물고 큰 입자는 더 빨리 땅으로 떨어지지요. 따라서 공기 습도가 낮을수록 에어로졸에 깃든 바이러스가 더 많아집니다. https://pubmed.ncbi.nlm.nih.gov/21731764/.을 참조하세요." 상대의 반응은 "감사합니다"였다. 싸움도, 더 이상의 논쟁도 없었다.

물론 무례한 글을 보고도 무조건 꾹 참으라는 말은 아니다. 하지만 매번 곧바로 달려들어 싸울 필요는 없다. 다툼을 부추기지 않고 빠르게 객관적인 논의로 되돌아설 수 있는 사람이 더 평화롭게 살 수 있다. 그러니 "싸움도 골라서 하자!"

약간의 순진함은 해가 되지 않는다

──────

온라인 토론에서 오해를 피하고 불필요한 감정 소모를 예방하려면 대답하기 전에 먼저 자신에게 물어보자. 저 사람에 대해 그릴 수 있는 가장 긍정적인(혹은 부정적인) 이미지는 무엇일까? 설령 상대에게 선의가 없었다고 해도 긍정적인 이미지는 차분한 긍정적 반응으로 당신을 이끈다. 당연히 이후의 대화도 긍정적인 방향으로 흘러갈 것이다. 약간의 순진함은 소통에 해가 되지 않는다. 반대로 당신이 상대에 대해 그릴 수 있는 가장 나쁜 이미지가 무엇인지도 물어보자. 떠오른 이미지와 당신이 답하려고 한 내용을 점검해보자. 당신의 댓글을 상대가 부정적으로 해석할 수도 있겠다 싶을 때는 친절을 강조하는 이모티콘을 붙이는 것도 방법이다. 서로 의견은 다르지만 인간으로서 당신을 존중한다는 뜻을 담는 것이다.

비난에 다정하게 응하고 잘못된 점을 고치면 상대도 자신의 말을 사과할 확률이 높다. 온라인에서 역풍을 맞았던 어느 퀴즈쇼 참가자도 그랬다. "어쩐지 저 여자 거슬리네. 취향은 각자 다르겠지마는……" 그녀는 대답했다. "그게 정상이에요:) 악플이 달릴까 봐 겁은 살짝 났지만, 당신 말이 맞아요. 모든 사람을 좋아해야 할 이유는 없는 거니까요. 그래도 채널 고정하시기를." 그녀의 솔직한 대응은 원댓글 게시자에게서도 호응을 이끌어냈다. "당연히 고정입니다. 라이브는 아니지만 화이팅하세요 :D 카메라 앞에서도 너무 태연해서 존경스럽습니다. 저라면 못 그랬을 거예요."

　다정하게 대응하면 비난했던 사람도 자기 말이 안 먹힌다는 사실을 깨닫는다.

비판적 무시

　온라인에서 증오글을 보면 곧장 달려들어 비판해야 한다고 생각하는 사람이 많다. 하지만 막스플랑크 교육학연구소 아나스타샤 코지레바Anastasia Kozyreva는 반대로 '비판적 무시'[17]를 권유한다. 이 말인즉슨 온라인에서는 글과 정보를 읽기 전에 먼저 사전 점검을 하라는 뜻이다. 누가 쓴 글인가? 글쓴이의 정치적 색채가 너무 뚜렷하지 않은가? 글쓴이는 중립을 얼마나 잘 지키는가? 점검해서 신뢰성이 떨어지는 정보라 판단되면 무시하는 편이 좋다. 증오글과 관련하여서는 이 말이 정답이다. "트롤에게 먹이를 주지 말 것Don't feed the trolls." 누가 봐도 자극과 도발만을 바랄 뿐, 객관적인 토론에 전혀 관심이 없는 글에는 응하지 말라는 뜻이다. 더 많은 관심을 받는 것, 바로 그것이 그가 원하는 바이다.

　그러므로 긍정적인 것을 강화하고, 존중과 객관성에 관심 없는 글은 무시하자. 그리고 잊지 말자. 누구든 어떤 것이 좋지 않다고 생각할 수 있다.

안 그래도 고단한 인생, 굳이 나와 생각이 다른 사람까지 이해해주며 살아야겠냐는 의문이 들 수도 있다. 우리는 왜 골치 아픈 사람하고 굳이 토론을 하는 걸까?

나와 생각이 다르다고 해서 미숙하다고 생각하고, 손쉽게 '투덜이', '에너지 흡혈귀' 같은 말로 낙인을 찍으면 편을 가르게 된다. 당연히 머리를 맞대고서 서로의 생각을 절충하여 가장 합리적인 방법을 모색할 수 없다. 윈스턴 처칠은 말했다. "두 사람이 항상 생각이 같으면 그중 하나는 쓸모없다." 다른 생각이 우리를 발전시킨다. 존중과 칭찬을 동반한 토론으로 우리는 함께 발전할 수 있다.

그러므로 의견이 다르다고 성급하게 포기하지 말자. 상대의 행동이 마음에 안 들어도 대화를 이어나갈 수 있다. 지금 당장은 상대를 설득할 수 없다 해도 당신의 입장에는 타당한 여러 근거가 있다는 점을 알리자. 때로 설득이란 의심의 씨앗을 뿌리는 일이다. 열매는 하루아침에 열리지 않는다. 씨앗이 자라 열매를 맺으려면 시간이 필요한 법이다.

한 흑인 음악가가
수백 인종주의자의 마음을 돌린 방법

협력하는 대화 기술을 고민할 때면 이런 생각이 들 수 있다. '정말 힘든 상대한테는 안 통할 거야. 그럴 때는 세게 나가는 수밖에 없어.' 하지만 진실은 정반대이다. 극단적인 입장일수록 먼저 관계를 쌓아야 한다. 또 '협력'은 '유약'과 같은 의미가 아니다. 협력하는 기술도 충분히 직접적이며 차이를 밝히고 명확히 거절하고 선을 긋는다. 다만 상대와 대화를 이어가면서 공동의 해결책을 모색한다는 점이 다를 뿐이다.

이 방법이 얼마나 잘 통하는지를 입증한 인물이 있다. 음악가이자 기자인 대릴 데이비스Daryl Davis로, 그는 지금까지도 대화로 KKKKu Klux Klan(미국의 비합법적 백인우월주의 비밀결사단체 - 옮긴이) 단원들의 생각을 바꾸고 있다.[1] 우리가 일상에서 만나는 사람들은 다행히 그들보다 훨씬 순하지만, 우리는 너무도 성급하게 설득을 포기한다. 극단적인 인종주의자들까지도 협력하는 기술로 설득할 수 있다면 사무실이나 미팅, 가정에서 만나는 사람들쯤이야 식은 죽 먹기 아닐까?

대릴 데이비스는 미국의 흑인 R&B와 블루스 피아니스트이다. 제리 리 루이스Jerry Lee Lewis, 척 베리Chuck Berry, 비비 킹B. B. King, 빌 클린턴Bill Clinton 같은 유명인들과도 함께 연주했다. 그리고 지금까지 200명이 넘는 KKK 단원을 탈퇴시켰다. 오로지 대화로만.

이 단체는 흑인과 유대인을 비롯한 그들의 친구들을 증오한다. 그들의 집 앞에 불타는 십자가를 세우고 살인 협박도 서슴지 않는다. 심지어 훤한 대로에서 습격과 살인도 마다하지 않으면서 자신들이 옳은 일을 하고 있다고 굳게 믿는다. 즉 백인종을 지키겠다는 것이다. 신념이 어찌나 확고한지 살인을 저지르고 형을 살고 나면 곧바로 다시 단체에 들어가 인종 전쟁을 준비하고 인종 분리를 외치며 싸운다.

대릴 데이비스가 이런 무자비한 자들에게 엄청난 영향력을 행사할 수 있었던 이유는 그의 접근 방식이 우리와는 근본적으로 다르기 때문이다. 사연은 그의 어린 시절로 거슬러 올라간다. 보이스카우트 단원이었던 열 살의 대릴은 미국 국기를 손에 들고 퍼레이드를 하고 있었다. 그런데 모르는 백인들이 그에게 병과 돌을 던졌다. 어린 대릴은 이렇게 생각했다. '보이스카우트를 안 좋아하는 사람들인가 보다.' 그런데 다른 아이들은 그냥 두고 그에게만 돌을 던졌다. 이상하다고 생각한 그는 집으로 돌아가서 부모님께 물었고, 인종주의 때문이라는 이야기를 들었다. 이해할 수 없었던 그는 어머니에게 다시 물었다. "나를 알지도 못하면서 어떻게 미워할 수가 있어요?" 어머니는 대답하지 못했다. 아마 누구도 대답하지 못했을 것이다. 어른이 된 대릴은 목표를 정했다. 그 질문에 대답을 찾으리라! 바로 이 결심부터가 대부분의 다른 사람과 결정적으로 다른 지점이다.

대릴은 설득하려 하지 않는다. 대릴은 이해하고 싶어 한다. 그의 목표는 그 단체가 무엇을 믿는지, 왜 믿는지를 알아내려는 것이다.

▶ 기자 정신으로 상대방을 탐구한다.

1983년 어느 저녁, 대릴은 메릴랜드의 실버 달러 라운지에서 공연을 하고 있었다. 쉬는 시간에 관객 한 사람이 다가와서 감동을 전했다. 대화를 나누다 보니 그는 KKK 단원이었다. 그가 대릴에게 공연 끝나고 술 한잔 같이 마시자고 권했고, 두 사람은 만나 음악 이야기를 나누었다. 대릴은 대답을 찾을 기회가 왔다고 생각해서 그에게 KKK 메릴랜드 지부장 로저 켈리Roger Kelly의 연락처를 알려달라고 부탁했다. 그는 연락처를 주면서 자기가 알려주었다는 말은 절대 하면 안 된다고 신신당부했다. 그러고선 이런 경고를 덧붙였다. "절대 켈리를 만나지 말아요. 당신을 죽일 겁니다."

하지만 답을 알고 싶은 바람이 두려움을 이겼다. 그는 비서 메리에게 로저 켈리와 약속을 잡으라고 부탁했다. KKK에 관한 책을 쓰고 싶다는 핑계를 대고서 말이다. 단, 그가 흑인이라는 사실은 숨겨야 했다. 켈리가 묻거든 사실을 이야기하되 어떻게든 그가 묻지 않도록 조심하라고 일렀다.

그는 차이를 숨긴다.

▶ 긍정 필터로 관계의 토대를 쌓는다.

켈리가 응했다. 약속한 토요일 오후, 대릴과 비서는 실버 달러 라운지 바로 위층에 있는 모텔에 방을 하나 빌렸고, 메리는 얼음통에 얼음을 가득 채우고 차가운 음료를 준비했다. 노크 소리가 들렸다. 메리가 문을 열었다. 나이트호크(군복을 입고 무기를 갖춘 경호원)와 켈리가 들어오다가, 대릴이 흑인이라는 사실을 알고는 걸음을 멈추었다. 대릴이 일어나서 손바닥을 밖으로 돌려 비무장이라는 사실을 알린 후 악수를 청했다. "안녕하세요. 대릴 데이비스입니다." 당황한 두 사람이 얼떨결에 손을 내밀었다.

대릴은 친절하고 솔직하다.

▶ 관계가 없으면 설득도 없다.

대릴과 켈리는 자리에 앉았고 경호원은 서서 상황을 주시했다. 힘겨루기가 시작되었다. 켈리는 대릴에게 신분증을 요구했다. 대릴이 운전면허증을 내주자 켈리가 말했다. "와, 실버 스프링, 좋은 데 사시네." 그 순간, 주소를 알았으니 위험할 수도 있겠다는 생각이 대릴의 머리를 스치고 지나갔다. 그는 무서웠지만 티 내지 않고 대답했다. "네, 맞아요. 거기 삽니다. 당신 집은……." 그는 사전 조사한 켈리의 주소를 번지까지 틀리지 않고 불렀다.

대릴은 감정을 자제하고 상대가 던진 공을 되던져서 같은 눈높이를 유지한다.

▶ 순발력보다 침착함이 더 중요하다.

역시나 협박으로 해석될 수 있을 대답을 던져서 대결도 불사할 용기를 보여준다.

▶ 갈등을 피하지 않고 직면한다.

대릴이 싸워볼 만한 상대라고 생각한 모양이었다. 인터뷰가 시작되었다. 대릴이 질문을 던졌다. "흑인이 백인보다 열등하다는 말을 누구한테 들었습니까? 언제 처음 그런 말을 들었습니까? 어디에 적혀 있습니까? 흑인하고 어떤 경험을 하셨습니까?" 이런 식의 질문이라면 대답하지 않을 이유가 없었다. 대릴이 견해를 물었으니 켈리는 흔쾌히 대답했다.

대릴은 관심을 보이고 호기심을 갖고 질문한다.

▶ 구체적인 질문을 던진다.

두 사람은 온갖 주제로 이야기를 나누었고, 자기 이야기도 털어놓았다. 그러다 보니 몇 가지 공통점을 발견했다. 인터뷰를 마친 대릴은 비서에게 이렇게 말했다. "그가 좋아. 우리는 둘 다 거리에서 마약을 구할 수 있으면 좋겠고, 아동의 교육 기회가 더 많아졌으면 해. 공통점이 많아. 사실 인종주의만 빼면 다 똑같아."

그는 공통점을 깨닫는다.

▶ 차이점보다 공통점을 부각한다.

켈리는 우호적인 분위기라고 생각했지만, 그 분위기에 휩쓸리지 않으려 노력했다. 그는 계속해서 대릴과 자신이 동등하지 않다는 사실을 강조했다. 하지만 그가 "데이비스 씨, 성경에는……"이라며 인종주의의 근거로 성경을 들먹일 때마다 대릴은 성경책을 건네며 어디에 그런 말이 적혀 있는지 알려달라고 부탁했다. 가치관의 토대가 되는 사실을 즉석에서 체크한 것이다.

대릴은 켈리의 가치관을 만든 토대를 인정한다.

▶ 같은 가치관을 공유한다는 느낌을 전한다.

대릴이 성경책을 들거나 카세트테이프를 갈아 끼우려고 손을 뻗을 때마다 경호원이 무기를 집어 들고 그를 노려보았다. 그런데 갑자기 '쾅!' 소리가 났다. 모두가 깜짝 놀랐다. 대릴이 벌떡 일어섰다. '켈리가 나를 죽일 거야.' 그 생각이 머리를 스치고 지나갔다. 문까지는 너무 멀었다. 거기까지 가기 전에 죽을 것이다. 그러니 직진하는 수밖에 도리가 없었다. 그는 켈리의 눈을 똑바로 바라보았다. 켈리도 꼼짝하지 않고 그를 노려보았고 역시나 벌떡 일어섰다. 켈리 뒤에 선 경호원이 다시 무기를 치켜들고 대릴과 켈리를 번갈아 가며 살폈다. 초긴장 상태였다.

소리의 원인을 제일 먼저 알아차린 사람은 비서였다. 음료수병을 담가 두려고 큰 통에 얼음을 잔뜩 넣어 두었는데, 얼음이 녹으면서 음료수병이 큰 소리를 내며 넘어진 것이다. 메리가 얼음통을 가리켰고, 모두의 눈이 그녀의 손을 따라갔다. 웃음이 터졌고 긴장이 풀렸다.

대릴과 켈리는 자신의 모습을 보고 웃을 수 있다.

▶ 그래도 대화를 한다면 유머로 분위기를 바꾼다.

대화가 끝난 후 대릴은 비서에게 말했다. "그가 좋아. 그의 생각은 좋지 않지만, 인간으로서 그는 좋아해."

대릴은 사람과 문제를 구분한다. 태도는 거부하지만, 인간은 존중한다.

▶ 긍정적인 상상으로 무엇과 누구를 구분한다.

대릴은 켈리와 더 만나보기로 마음먹었다. 몇 주 후 그는 켈리에게 전화를 걸어 자기 집으로 초대했다. 켈리는 초대에 응했다. 대화의 주제는 다양했고, 두 사람은 서로를 더 알아갔다. 그 후로도 둘은 자주 만났다. 켈리는 매번 경호원을 대동했고 대릴을 자기 집으로 초대하지는 않았지만 대릴의 집이나 다른 약속 장소에는 꼬박꼬박 나왔다. 대릴은 만남의 장소에 자기 친구들을 불렀다. 백인, 흑인, 유대인 친구들이었다. 켈리가 각양각색의 사람을 만나서 다양한 경험을 쌓을 수 있기를 바라서였다. 대릴이 술집에서 자기 밴드와 공연을 할 때는 켈리가 자기 친구들을 데리고 공연을 보러 오기도 했다.

그들은 더 자주 만나며 더 많은 공통점을 발견하고 서로를 더욱 좋아하게 된다.

▶ 마음을 열어야 관계가 쌓인다.

켈리의 마음에 자기 신념에 대한 의심이 싹텄다. 대릴은 그의 믿음 속 흑인 이미지에 전혀 맞지 않았다. 대릴은 범죄를 저지른 적이 없고, 그의 온 가족이 그랬다. 그들 누구도 국가의 도움을 받지 않았음에도 대릴도 그의 부모도 대학을 졸업했다. 정작 켈리 자신은 고등학교밖에 나오지 못했는데 말이다. 실제로 대릴은 대화를 나눌 때마다 자신의 지식이 켈리보다 훨씬 앞선다는 사실을 느꼈다. "나의 교양이 켈리와 그 일당들을 다 합친 것보다도 더 높았다." 하지만 티를 내지 않았다. 그는 자신과 자기 인생, 가족 이야기를 했고 미국 역사에 대해 아는 것을 들려주었다.

대릴은 뽐내지 않고도 문맥을 잘 설명한다.

▶ 상대보다 내가 더 옳다는 오만을 버린다.

CNN 방송에서 이 특이한 우정을 알게 되어 그 사연을 보도하였다. 인터뷰와 대화를 녹화하였고, 그중에는 카페에서 대릴이 단체의 다른 회원과 나눈 대화도 포함되었다. 그는 엘비스 프레슬리가 록을 창조한 백인이라고 믿고 있었다. 대릴은 록을 만든 사람은 흑인이라고 설명했다. 그러자 그 회원이 말했다. "그게 뭐가 중요해요. 음악이 좋으면 된 거지. 좋으면 누가 만들었건 상관없잖아요. 그렇지 않아요?"

대릴이 대답했다. "글쎄요. 진짜 임자한테 공로를 돌려주는 건 중요하죠. 당신은 지금 이 나라의 백인 조상들에게 공을 돌리려고 하잖아요. 그래서 달라지는 게 뭐죠? 나는 지금 여기 있어요. 벤 프랭클린은 여기 없어요. 에이브러햄 링컨도 없고요. 나는 에이브러햄 링컨과 벤 프랭클린에게 관심 없어요." 상대가 흥분한 것 같자 대릴은 손바닥을 펴서 상대 쪽으로 돌리며 그를 달랬다. "나는 그저 당신이 말한 대로 말한 거예요. 그래도 달라지는 건 없어요. 그렇죠?" 이런 비교로 그는 상대의 말에 담긴 모순을 까발렸다. 때로는 만든 사람이 중요한 것 같다. 즉 백인이 그 주인공일 때는 중요하다. 하지만 흑인일 때는 그렇지 않은 것 같다. 그는 그 해석을 상대가 기분 나쁘지 않게 우아하게 돌려 전했다.

대릴은 비교로 모순을 까발린다.

▶ 비교로 그릇된 인과관계 오류를 짚는다.

하지만 그도 자기 뜻을 아주 분명히 밝힐 때가 있었다. KKK 지도자인 톰 로브Tom Robb와 인터뷰를 할 때였다. "이 나라에서 국경일에 이름이 붙은 유일한 남자(크리스토퍼 콜럼버스)는 미국인이 아니었고 강간 범죄자였으며 살인자였습니다. 그는 발견했다고 우겼지만 사실 아무것도 발견하지 않았어요. 이미 예전부터 사람이 살고 있었거든요." 톰은 격양하여 말했다. "이 말은 해야겠군요. 당신이 크리스토퍼 콜럼버스 이야기를 의심하겠다면……" "아, 그럼요. 의심합니다." "좋아요. 난 당신하고 인터뷰 안 해요." "이유를 말씀해주세요." "이유는 당신이 잘 알죠. 당신은 백인을 적대시해요." "아닙니다. 그렇지 않아요. 하지만 제가 아는 바로는……." "적대시해요." "아니라니까요. 톰, 왜 제가 적대시한다고 생각해요?"

대릴은 상대방이 들으려 하지 않는 사실을 상대방에게 들이민다. 상대의 분노도 감수한다.

▶ 위기를 직면하여 대결의 용기를 갖는다.

상대가 대화를 중단하려 해도 계속 질문을 던져 대화를 이어 나간다.

▶ 기자 정신으로 상대방을 탐구한다.

톰 로브는 대답했다. "백인이 이 나라의 백인 건축가들과 함께 이 나라를 세웠어요. 백인은 이웃을 지키고 자신들의 윤리적 정체성을, 한 민족으로서의 정체성을 수호하고자 합니다." 대릴은 톰의 말을 요약 정리했다. "그러니까 당신은 당신 몸에 흑인 피가 들어오면, 당신의 딸이나 가족의 몸에 흑인 피가 섞이면 더러워진다는 말이 하고 싶은 거죠."

대릴은 상대의 관점이 자신에게 상처가 되더라도 그 관점을 계속해서 요약하고 정리한다.

▶ 상대의 말을 자기 언어로 번역한다.

대릴은 바위처럼 꿋꿋하게 자리를 지켰고 충격에 마음이 흔들려도 티 내지 않았다. 한 인종주의자가 그에게 르완다나 케냐에서 태어나지 않은 것에 감사하라고, 미국의 사회 시스템에 감사할 줄 알라고 소리쳤을 때도 전혀 흥분하지 않았다.

그러다가 상대가 말한 내용이 틀렸으며, 그 말을 입증할 증거가 없다는 확신이 들면 상대에게 본인의 주장을 입증할 만한 논리나 정보를 알려달라고 거듭 부탁했다. 상대를 이해하고 싶다는 핑계를 대면서 말이다. 하지만 상대에게는 아무 증거가 없거나, 있더라도 충분하지 않았으므로, 차츰 상대는 자신의 확신을 의심하게 되었다. [2]

대릴은 구체적인 질문으로 '읽지 않은 장서 효과'를 노린다. 계속 질문을 던져 상대가 스스로 자기 지식의 한계를 깨닫게 하는 것이다. 당연히 상대의 마음에서 의심의 불씨가 자라기 시작한다.

▶ 구체적인 질문을 던진다.

버지니아에서 KKK 단원 두 명이 살인죄로 법정에 서자 분노한 군중이 KKK에 반대하는 시위를 벌였다. 그러나 그 지역 KKK 최고위직인 '임페리얼 위저드Imperial Wizard'와 대화를 나눈 대릴의 모습은 군중과는 전혀 달랐다. 그는 말했다. "우리 두 사람은 역사를 공유합니다. 나의 역사는 그대들 역사의 일부이고 그대들의 역사는 내 역사의 일부입니다. 그러니 각자 상대의 역사를 알아야 합니다. 그렇지 않나요?" 위저드가 대답했다. "당연히 그렇죠. 당신 말이 완전 옳아요." 대릴이 다시 물었다. "그럼 이제 우리는 어떤 방법으로 다른 이들을 설득할까요? 그들이 '좋아, 평생 싸울 수도 있지만, 함께 한 걸음 더 나아갈 수도 있을 거야'라고 말하게 하려면 어떻게 해야 할까요?" 이렇듯 대릴은 위저드와 힘을 모아 KKK의 평판 회복을 위해 노력하였다.

대릴은 '우리'라는 표현과 공동의 목표로 소속감을 강조한다.

▶ 상대와 내가 같은 편임을 강조한다.

CNN과의 인터뷰에서 켈리는 기자에게 인종 분리가 얼마나 필요한지 설명하였다. 하지만 또 이렇게 말했다. "나는 그 남자(대릴)를 지옥이라도 쫓아갈 겁니다. 나는 그의 주장을 믿습니다. 그도 나의 주장을 믿고요. 언제나 의견이 일치하지는 않지만 그는 나를 존중하고 내 옆에 앉아 내 말을 귀 기울여 듣지요. 나도 그를 존중하고 그의 곁에 앉아서 그의 말을 귀 기울여 듣습니다."

이런 대릴의 인간적인 장점과 그가 들려준 미국 역사의 정보는 켈리의 마음에 인지 부조화를 일으켰다. 확신과 현실 사이에 틈이 생긴 것이다. '그는 교양이 넘친다. 하지만 그는 흑인이다.' '그는 호감이 가는 사람이다. 하지만 흑인이다.' '그는 예의 바르다. 하지만 흑인이다.' 켈리도 훗날 고백했듯 모순과 의심이 자라났다.

해가 갈수록 만남의 깊이는 더해졌고 우정이 생겨났다. 만날 때마다 대릴은 미국 역사에 대한 켈리의 오해를 지적하고 설명하였다.

대릴은 끈질기다.

▶ 다정한 반복은 설득력이 세다.

대릴 데이비스는 끈기 있는 사람이다. 우정이 이어지면서 마침내 켈리는 확신을 고수할 수 없게 되었다. 의심이 너무 강해진 것이다. 대릴은 오랜 시간 그의 확신을 끈질기게 반박했다. 그러자 마침내 그날이 오고야 말았다. 대릴이 아무 부탁도 하지 않았지만, 켈리는 단복을 벗었다. 메릴랜드 KKK의 다른 두 지도자와 약 스무 명의 단원들도 단복을 벗었다. 단원이 200여 명이던 단체는 해체되었다. 깊은 우정이 탄생하였다. 대릴은 켈리 딸의 대부이다.

개인적으로 한마디 덧붙이고 싶다. 대릴 데이비스의 사연은 협력하는 대화가 우리를 얼마나 멀리까지 데려갈 수 있는지를 잘 보여준다. 하지만 인종주의에 반대하는 함성을 멈추라는 말은 절대 아니다. 그렇지 않다. 인종주의를 무너뜨리기 위해서는 끈질긴 설득 못지않게 시끄러운 저항의 외침도 꼭 필요하다.

•

생각이 다른 사람을 만나도
서둘러 포기하지 말 것

많은 토론의 내용을 가만히 듣다 보면 우리는 상대를 멍청하고 한심하다고 생각해야 이길 수 있다고 생각하는 것 같다. 그렇지 않다. 잘난 척할수록, 편을 가를수록, 상대를 악마화할수록, 가르치려 들수록 상대의 마음을 얻을 기회는 줄어든다.

사람의 생각을 바꾸는 데에는 오히려 긍정적인 대화 문화가 필요하다. 같은 눈높이에서 말을 건네고 상대의 가치관을 존중하면 제아무리 고집불통도 결국엔 귀를 연다. 어쩌면 그를 고집불통으로 만든 원인이 우리의 행동이었을지도 모를 일이다.

"말도 안 돼요. 내가 아는 사람들은 다 나랑 같은 생각일걸요." 이렇게 주장한다면 당신은 유유상종, 끼리끼리만 노는 사람이다. 상대의 태도에 마음을 열면 더욱 발전할 수 있을 뿐 아니라 상대의 논리로 당신의 논리를 키우고 넓힐 수 있다. 심지어 상대의 논리가 당신 생각처럼 한심하지 않다는 사실을 확인하고 놀랄 것이다. 설득하고야 말겠다는 인상을 주지 않아야 설득할 기회는 높아진다.

이제 당신에게는 이 책에서 배운 온갖 기술들이 있다. 이 기술들로 공격과 후퇴의 틈을 잘 활용하여 합리적인 대화를 이끌어보자. 엄청난 시간을 들여야 하는 것도 아니고 머리를 쥐어뜯으며 괴로워할 필요도 없다. 생각이 다른 사람을 만나도 피하지 말고 적극 대화에 임해보자. 사실 성공적인 대화의 열쇠는 서둘러 포기하지 않는 마음이다.

주

들어가는 글

1   Harvard Law School, Program on Negotiation: https://www.pon.harvard. edu/tag/conflit-negotiation/

2   '갈등'이라는 개념은 여러 뜻으로 쓰인다. 여기서는 프리드리히 글라슬이 '갈 등 고조 단계' 1과 2에서 말한 갈등의 정의를 따른다. 글라슬은 갈등이 고조되 는 단계를 9단계로 나누었다. 1단계(굳어지는 분위기)에서는 긴장이 흐르고 "말 도 안 돼!" 같은 말실수가 자주 튀어나온다. 2단계(양극화와 논쟁)가 되면 그런 말 실수가 더는 실수가 아니라 의도적인 반칙이 된다. 공동의 해결책보다 누가 옳 은지, 누가 이기는지가 더 중요해지기 때문이다. 출처 : Friedrich Glasl (2020). Konflktmanagement: Ein Handbuch für Führung, Beratung und Mediation. Haupt Verlag, Bern.

3   Leising, D. (2011). The consistency bias in judgments of one's own interpersonal behavior: Two possible sources. Journal of Individual Differences, 32(3), 137–143. https://doi.org/10.1027/1614-0001/a000046

4   J. Edward Russo, Anne-Sophie Chaxel (2017). Cognitive Consistency Theories. Oxford Bibilographies. https://doi.org/10.1093/ obo/9780199828340-0195

5   Ebert, Vince (2022). Lichtblick statt Blackout. Hörbuch, Kapitel 37. HERBERT Management. Originalquelle: Pinker, Steven (2018). Aufklärung jetzt: Für Vernunft,Wissenschaft,Humanismus und Fortschritt. Eine Verteidigung. S.

Fischer, Frankfurt a. M.

6   이 인용문이 누구 입에서 나왔는지는 명확하지 않지만, 심리학자 에이브러햄 매
슬로의 책에는 이렇게 적혀 있다. "가진 도구가 망치뿐이라면 모든 것을 못처럼
취급하고픈 유혹을 느낄 것 같다." 출처 : Abraham H. Maslow: The Psychology
of Science: A Reconnaissance, S. 15

1장

1   '갈등' 개념의 정의는 다양하지만, 여기서는 프리드리히 글라슬이 말한 사회적
갈등의 정의를 따른다. 두 입장이 단순히 일치하지 못하는 것을 넘어 양쪽이
그 불일치를 더 이상 협력으로 풀 수 없을 때 생기는 갈등이다. Friedrich Glasl
(2020). Konflktmanagement: Ein Handbuch für Führung, Beratung und
Mediation. Haupt Verlag, Bern.

2   Brehm, Jack W. (1966). Theory of psychological reactance. New York,
Academic Press

3   PON staff(2023). How to deal with Threats: 4 Negotiation Tips for Managing
Conflit at the Bargaining Table. Program on Negotiation, https://www.
pon.harvard.edu/daily/conflict-resolution/how-to-deal-with-threats/
Tyler, Tom R. (2010), Social Justice. Outcome and Procedure. https://doi.
org/10.1080/002075900399411

4   Regan, D. T. (1971). Effects of a favor and liking on compliance. Journal of
Experimental Social Psychology, 7(6), 627–639

5   Fernbach, Philip u. a. (2013). Political Extremism Is Supported by an Illusion
of Understanding, Psychological Science. 24 (6) https://www.re searchgate.
net/publication/236339575_Political_Extremism_Is_Suppor ted_by_an_
Illusion_of_Understanding

6   Boghassian, Peter, Lindsay, James (2020). Die Kunst, schwierige Gespräche
zu meistern. München, riva, Seite 178
Lieberman, M. D., Eisenberger, N. I., Crockett, M. J., Tom, S. M., Pfeifer, J.
H., & Way, B. M. (2007). Putting Feelings Into Words. Psychological Science,
18(5), 421–428. https://doi.org/10.1111/j.1467-9280.2007.01916.x

7   Noesner, Gary (2018). Stalling for Time: My Life as an FBI Hostage Negotiator, Random House

8   Torre, Jared, Liebermann, Mathew (2018). Putting feelings into words: Affect Labeling as Implicit Emotion Regulation. https://www.scn.ucla.edu/pdf/Torre(2018)ER.pdf

9   Wood Brooks, Alison (2020). Verhandeln mit Gefühl Harvard Business Manager, Hamburg

10 Heiland, Regine (2018): Weil Worte wirken. Wie Arzt-Patienten-Kommunikation gelingt. Kohlhammer, Stuttgart

11 Itzchakov, G., Kluger, A. N., & Castro, D. R. (2017). I Am Aware of My Inconsistencies but Can Tolerate Them: The Effect of High Quality Listening on Speakers' Attitude Ambivalence. Personality and Social Psychology Bulletin, 43(1), 105–120. https://doi.org/10.1177/0146167216675339
    Itzchakov, G., DeMarree, K. G., Kluger, A. N., & Turjeman-Levi, Y. (2018). The listener sets the tone: High-quality listening increases attitude clarity and behavior-intention consequences. Personality and Social Psychology Bulletin, 44(5), 762–778. https://doi.org/10.1177/ 0146167217747874

12 o.A. (2005). Gewußt wie: Tips fü mehr Trinkgeld. FAZ, 17.4.2005.
    Lynn, M., & McCall, M. (2009). Techniques for Increasing Servers' Tips: How Generalizable Are They? Cornell Hospitality Quarterly, 50(2), 198–208. https://doi.org/10.1177/1938965509334221

13 Thompson, Jeff(2013). Active Listening Techniques of Hostage & Crisis Negotiators. Techniques to help prevent and settle conflicts. Psychology Today.
    Royce, Terry (2005). The Negotiator and the Bomber: Analyzing the Critical Role of Active Listening in Crisis Negotiations. Negotiation Journal 21(1): 5–27

14 Dennet, Daniel C. (2014). Intuition Pumps and Other Tools for Thiking, New York, London, W. W. Norton & Company

15 Schranner, Matthias (2001). Verhandeln im Grenzbereich: Strategien und

Taktiken für schwierige Fälle. Econ, Berlin

16 Tversky, Amos, Kahneman, Daniel (1974). Judgment under Uncertainty: Heuristics and Biases. In: Science. Band 185, Nr. 4157, ISSN 0036-8075, S. 1124–1131, doi:10.1126/science.185.4157.1124

17 Todd, A. R., Bodenhausen, G. V., Richeson, J. A., & Galinsky, A. D. (2011). Perspective taking combats automatic expressions of racial bias. Journal of Personality and Social Psychology, 100(6), 1027–1042. https://doi.org/10.1037/a0022308

18 Kang, Esther; Lakshmanan, Arun (2018). Narcissism and Self – versus Recipient-Oriented Imagery in Charitable Giving, Personality and Social Psychology Bulletin 44. (8). https://www.researchgate.net/publication/324 362063_Narcissism_and_Self-_Versus_Recipient-Oriented_Imagery_in_ Charitable_Giving

19 Leonhardt, Walter (2020). Doctor Fox Effect: Trust me, I'm a doctor, bleib im.haus. https://www.academia.edu/29131455/Doctor_Fox_Effect_Trust_ me_Im_a_doctor_EN_and_DE_Leonhardt_2020_

20 다음 자료에서 차용하였다. Schulz von Thun, Friedemann (2014). Miteinander reden 2: Stile, Werte und Persönlichkeitsentwicklung, Differentielle Psychologie der Kommunikation. Rowohlt, Reinbek bei Hamburg. S. 134.

21 Schulz von Thun, Friedemann, Kumbier, Dagmar (Hg.) (2010). Impulse für Kommunikation im Alltag, Kommunikationspsychologische Miniaturen 3, Rowohlt, Reinbek bei Hamburg, S. 238

2장

1 Saarinen A., Jääskeläinen I. P., Harjunen V., Keltikangas-Järvinen L., Jasinskaja- Lahti I., Ravaja N. Neural basis of in-group bias and prejudices: A systematic meta-analysis. Neurosci Biobehav Rev. 2021 Dec; 131:1214–1227. doi:10.1016/j.neubiorev.2021.10.027. Epub 2021 Oct 29. PMID: 34715150

2 Wohl, M. J. A.; Branscombe, N. R. (2005). Forgiveness and Collective Guilt

Assignment to Historical Perpetrator Groups Depend on Level of Social Category Inclusiveness. Journal of Personality and Social Psychology, 88 (2), 288–303. https://psycnet.apa.org/doi/10.1037/0022-3514.88.2.288

3   Favard, Anne-Laure (2010). Enacting language games: The development of a sense of ›we-ness‹ in online forums, Information Systems Journals 20(4): 383–416, July 2010. https://www.researchgate.net/publication/220356658_ Enacting_language_games_The_development_of_a_sense_of_%27we-ness%27_in_online_forums

4   Boghossian, Peter, Lindsay, James (2020). Die Kunst, schwierige Gespräche zu meistern, München, riva, S. 206

5   Markus Lanz (2020), ZDF, 8.7.2020

6   Krawczyk, Karina (2020). Warum man nach ›Markus Lanz‹ zum Vegetarier werden könnte, Berliner Morgenpost, 9.7.2020. https://www.morgenpost. de/kultur/tv/article229478474/Warum-man-nach-Markus-Lanz-zum-Ve getarier-werden-koennte.html

7   Puk, Stefanie (2020). Bei Lanz: Journalistin schildert drastisch, was Fleischesser nicht wahrhaben wollen, Express, 10.7.2020. https://www. express.de/promi-und-show/markus-lanz-gestern-drastischer-fleisch-talk-nur-schwer-zu-ertragen-48879?cb=1676833511271

8   Festinger, Leon (2012).Theorie der Kognitiven Dissonanz. Huber Verlag Bern, unveränderter Nachdruck der Ausgabe von 1978

9   Mnookin, Robert (2010). Bargaining with the devil. When to Negotiate, When to Fight. New York, Simon & Schuster

10 Greenaway, Katharine u. a. (2014). »Shared Identity Is Key to Effective Communication«, Personality & social psychology bulletin. 41 (2) und: Neville, Fergus G. u. a. (2020). »Shared social identity transforms social relations in imaginary crowds«, Group Processes & Intergroup Relations, Band 25, No. 1. https://journals.sagepub.com/doi/ fl/10.1177/136843022093675

11 Maoz, Ifat u. a. (2002). »Reactive Devaluation of an ›sraeli‹vs. ›alestinian‹

Peace Proposal«, Journal of Conflict Resolution, 46(4), 515–546. https://
journals.sagepub.com/doi/10.1177/0022002702046004003

12 Neville, F. G., Novelli, D., Drury, J., Reicher, S. D. (2022). »Shared social
identity transforms social relations in imaginary crowds«, Group Processes
& Intergroup Relations, 25(1), 158–173. https://journals.sagepub.com/doi/
full/10.1177/1368430220936759

13 Cialdini, Robert, Wengenroth, Matthias (Übersetzer) (2013). Die Psychologie
des Überzeugens: Wie Sie sich selbst und Ihren Mitmenschen auf die
Schliche kommen Huber, München

14 Kubin, E. et al. (2021). Personal experiences bridge Moral and political
devides better than facts, Vol. 118 (6). https://www.pnas.org/doi/10.1073/
pnas.2008389118; R Yeomans, Michael u. a. (2020). »Conversational
receptiveness: Improving engagement with opposing views«, Organizational
Behavior and Human Decision Processes, Volume 160, S. 131–148. https://
www.sciencedi rect.com/science/article/abs/pii/S0749597819303425

15 Eckert, Hartwig, Kambach, Andreas (2014). Dynamisch verhandeln.
Entscheiden, was andere entscheiden. Reinhardt, München

16 다음 자료에서 차용하였다. Hartwig Eckert, Kambach, Andreas (2014).
Dynamisch verhandeln. Entscheiden, was andere entscheiden. Reinhardt,
München

17 Nasher, Jack (2013). Deal! Du gibst mir, was ich will. Frankfurt am Main,
Campus

18 Weinstein, Eugene A., Deutschberger, Paul (1963). Some dimensions of
altercasting. Sociometry 26 (4), 454–466. https://www.jstor.org/stable/278
6148?origin=crossref undScott, John; Marshall, Gordon (2009). A Dictionary
of Sociology. Oxford, Oxford University Press

19 Cialdini, Robert, Wengenroth, Matthias (Übersetzer) (2013). Die Psychologie
des Überzeugens: Wie Sie sich selbst und Ihren Mitmenschen auf die
Schliche kommen«, Huber, Müchen

20 Channel 4 News (2018). Jordan Peterson debate on the gender pay

gap, campus protests and postmodernism. https://www.youtube.com/watch?v=aMcjxSThD54&t=1

21 Quora. https://www.quora.com/Whats-going-to-happen-to-Cathy-Newmans- career-after-her-epic-failure-interview-with-Jordan-Peterson-Can-any one-take-her-or-her-views-on-feminism-seriously-after-this; Murray, Douglas (2018). Cathy Newman's catastrophic interview with Jordan Peterson. The Spectator, 31.12.2018. https://www.spectator.co.uk/article/cathy-newman-s-catastrophic-interview-with-jordan-peterson

22 Raab, G., Unger, A., Unger, F. (2010). Die Theorie kognitiver Dissonanz. In: Marktpsychologie. Gabler. https://doi.org/10.1007/978-3-8349-6314-7_4

23 Keith G. Allred, John S. Mallozzi, Fusako Matsui, Christopher P. Raia (1997). The Influence of Anger and Compassion on Negotiation Performance, Organizational Behavior and Human Decision Processes, Volume 70, Issue 3, S. 175–187, https://doi.org/10.1006/obhd.1997.2705

24 Campagna, Rachel L., Mislin, Alexandra A., Bottom William P. (2019), »Motivated by guilt and low felt trust: The impact of negotiators' anger expressions on the implementation of negotiated agreements«, Journal of Behavioral Decision Making, 32: 450–470. https://doi.org/10.1002/bdm.2119

25 Harinck, Fiecke, van Kleef, Gerben A. (2012). Be hard on the interests and soft on the values: Conflit issue moderates the interpersonal effects of anger in negotiations. British Journal of Social Psychology, 51, 741–752. https://doi.org/10.1111/j.2044-8309.2011.02089.x

26 Brooks, Alison Wood (2020). Verhandeln mit Gefühl, in: Harvard Business Manager, 28.6.2020. https://www.manager-magazin.de/harvard/strategie/psychologie-welche-rolle-emotionen-in-verhandlungen-spielen-a-00000000-0002-0001-0000-000154550881

27 Hahlweg, Kurt; Richter, Diana (2010): Prevention of marital instability and distress. Results of an 11-year longitudinal follow-up study, https://doi.org/10.1016/j.brat.2009.12.010

28 Boghossian, Peter, Lindsay, James (2020). Die Kunst, schwierige Gespräche

zu meistern, riva, München, S. 192

29 Goleman, Daniel (1997). EQ. Emotionale Intelligenz. dtv, München

30 Frankl, Viktor E. (1998). Trotzdem Ja zum Leben sagen: Ein Psychologe erlebt das Konzentrationslager. dtv, München

31 Covey, Stephen R. (2007). Der Weg zum Wesentlichen: Der Klassiker des Zeitmanagements, Campus, Frankfurt am Main/New York

3장

1 Abeywickrama et al. (2020). »Why Moral Advocacy Leads to Polarization and Proselytization: The Role of Self-Persuasion.« Journal of Social and Political Psychology, Vol. 8 (2): 473–503

2 Van Bavel, Pereira (2018). »The Partisan Brain: An Identity-Based Model of Political Belief.« Trends in Cognitive Sciences

3 Boghossian, Peter, Lindsay, James (2020). Die Kunst, schwierige Gespräche zu meistern. München, riva, S. 192

4 Boghossian, Peter, Lindsay, James (2020). Die Kunst, schwierige Gespräche zu meistern. München, riva, S. 193

5 Schulz von Thun (2014). Miteinander reden 2: Stile, Werte und Persönlichkeitsentwicklung, Differentielle Psychologie der Kommunikation. 34. Auflage. S. 52.

6 Cohn, Ruth C., Farau, Alfred (2008). Gelebte Geschichte der Psychotherapie. Zwei Perspektiven. Klett-Cotta, Stuttgart, S. 280

7 Pörksen, Bernhard, Schulz von Thun, Friedemann (2021). Die Kunst des Miteinander-Redens, Über den Dialog in Gesellschaft und Politik. Carl Hanser Verlag GmbH & Co. KG, München

8 Oberhofer, Elke (2021). Wer herzhaftflucht, kann Schmerzen wahrscheinlich besser wegstecken. Schmerzmed. 37, 22–24 (2021). https://doi.org/10. 1007/ s00940-021-3245-8

9 Unger, Sonja (2022): Depressionen überwinden mit dem Konzept der inneren WG: Wie Sie Meckertante, Schweinehund und Ihr inneres Kind ins

Gleichgewicht bringen. Trias, Stuttgart

10 Heckhausen, Heinz (1980). Motivation und Handeln. Lehrbuch der Motivationspsychologie. Springer, Berlin. Rosenthal, Robert & Jacobson, Leonore (1966). Teachers' Expectancies: Determinants Of Pupils' IQ Gains. Psychological Reports, 19, 115–118 (Stangl, 2023)

11 Zoller, Karen (2016). Schwierige Mitmenschen: So gehen Sie souverän mit ihnen um. Rowohlt, Hamburg, S. 254

12 Schulz von Thun, Friedemann (2010). Miteinander reden 2: Stile, Werte und Persönlichkeitsentwicklung, Differentielle Psychologie der Kommunikation, Seite 176.

13 Prüfer, Tillmann (2020). »Paul Smith: Seit 50 Jahren bunt«, Zeit Magazin, 11.3.2020. https://www.zeit.de/zeit-magazin/2020/12/paul-smith-designer-stil

14 RTL+ »Bushido & Anna-Maria – Alles auf Familie«, Folge 3, 4:20 min

15 Kerr, Michael (2015) »The Power Of Humor to Drive Sales: He Who Laughs Last … Buys More?«. https://mikekerr.com/free-articles/humour-in- the-workplace-articles/the-power-of-humor-to-drive-sales-he-who-laughs-last-buys-more/

16 사례는 다음 자료에서 인용하였다. Synagoge Hechingen (2012). https://synagogehechingen.jimdofree.com/p%C3%A4dagogische-tipps/j%C3%BCdischer-humor/

17 Thbodeau, Paul H., Boroditsky, Lera (2011): »Metaphors We Thik With: The Role of Metaphor in Reasoning«. PLoS ONE 6(2): e16782. https://doi.org/10.1371/journal.pone.0016782

18 Wehling, Elisabeth (2016). Politisches Framing. Wie eine Nation sich ihr Denken einredet – und daraus Politik macht, Halem, Köln, und Lakoff, George, Wehling, Elisabeth (2016). Auf leisen Sohlen ins Gehirn: Politische Sprache und ihre heimliche Macht, Carl-Auer, Roßdorf

19 Sinaceur, M., Heath, C., & Cole, S. (2005). Emotional and Deliberative Reactions to a Public Crisis: Mad Cow Disease in France. Psychological

Science, 16(3), 247–254. https://doi.org/10.1111/j.0956-7976.2005.00811.x

20 Aarts, H., & Dijksterhuis, A. (2002). Category activation effects in judgment and behaviour: The moderating role of perceived comparability. British Journal of Social Psychology, 41(1), 123–138. https://doi.org/10.1348/014466602165090

21 Wehling, Elisabeth (2016). Politisches Framing. Wie eine Nation sich ihr Denken einredet – und daraus Politik macht. Halem, Köln

22 Scheufele, Bertram. Engelmann, Ines (2018). »Mediale Value-Frames – Theoretisches Konzept und methodische Herausforderungen«. In: Frames interdisziplinär: Modelle, Anwendungsfelder, Methoden, Hg. Alexander Ziem, Lars Inderelst and Detmer Wulf, Berlin, Boston: düsseldorf university press, 2018, S. 123–154

23 Boghossian, Peter, Lindsay, James (2020). Die Kunst, schwierige Gespräche zu meistern, München, riva

24 Feinberg, Matthew; Willer, Rob (2015). From Gulf to Bridge: When Do Mooral Arguments Facilitate Political influence?, Personality & social psychology bulletin, 41(12), 1665–81. https://journals.sagepub.com/doi/full/10. 1177/0146167215607842

25 Feinberg, M., & Willer, R. (2015). From Gulf to Bridge: When Do Moral Arguments Facilitate Political Influence? Personality and Social Psychology Bulletin, 41(12), 1665–1681. https://doi.org/10.1177/0146167215607842

26 Torre, Jared B., Lieberman, Matthew D. (2018). Putting Feelings Into Words: Affect Labeling as Implicit Emotion Regulation, Emotional Review, March 20, 2018, Band 10, No. 2, S. 116–124. https://journals.sagepub.com/doi/full/10.1177/1754073917742706

27 Zelano, Christina u. a. (2016). Nasal Respiration Entrains Human Limbic Oscillations and Modulates Cognitive Function. Journal of Neuroscience, Journal of Neuroscience, 7 December 2016, 36 (49) 12448-12467. https://www.jneurosci.org/content/36/49/12448

28 E. Aronson, T. D. Wilson, R. M. Akert (2008). Sozialpsychologie. Pearson

Studium. 6. Auflage

29 Wirtz (Hrg.), Lexikon der Psychologie, Dehumanisierung

30 Fisher, Roger, Ury, William, Patton, Bruce M. (1984). Das Harvard-Konzept. Der Klassiker der Verhandlungstechnik. Campus, Frankfurt am Main/New York

31 Bierhoff, Hans-Werner, Ozimek, Phillip (2020). Schubladendenken überwinden: Stereotype – Funktion, Wirkung, Reduktion. Ruhr-Universität Bochum. https://www.researchgate.net/publication/339076734_Schubladen denken_uberwinden_Stereotype_-_Funktion_Wirkung_Reduktion

32 Mnookin, Robert (2010). Bargaining with the devil. When to Negotiate, When to Fight. Simon & Schuster, New York

33 Ekman, Paul (2010). Gefühle lesen: Wie Sie Emotionen erkennen und richtig interpretieren. 2. Auflage, Springer, Berlin, 2003, S. 56–59

4장

1 Langer, E. J., Blank, A., & Chanowitz, B. (1978). The mindlessness of ostensibly thoughtful action: The role of »placebic« information in interpersonal interaction. Journal of Personality and Social Psychology, 36(6), 635–642. https://doi.org/10.1037/0022-3514.36.6.635

2 Riemann, Fritz (2022). Grundformen der Angst. Eine tiefenpsychologische Studie, 47. Auflage, Ernst Reinhardt Verlag, München, Basel (Erstausgabe 1961) und Thomann, Christoph (2004). Klärungshilfe 2: Konflkte im Beruf: Methoden und Modelle klärender Gespräche, 9. Auflage, Rowohlt Taschenbuch Verlag, Reinbek bei Hamburg

3 Thomann, Christoph (2004). Klärungshilfe 2: Konflikte im Beruf: Methoden und Modelle klärender Gespräche, 9. Auflage, Rowohlt, Reinbek bei Hamburg

4 Werner, Marcus (2021). Die ICE-Methode: Überzeugen Sie dank Perspektivwechsel. In: Wirtschaftsoche

5 Tannenbaum, M. B., Hepler, J., Zimmerman, R. S., Saul, L., Jacobs, S.,

Wilson, K., Albarracín, D. Appealing to fear: A meta-analysis of fear appeal effectiveness and theories. Psychol Bull. 2015 Nov; 141(6):1178–204. doi: 10.1037/a0039729. PMID: 26501228; PMCID: PMC5789790

6   Cialdini, Robert, Wengenroth, Matthias (Übersetzer) (2013) Die Psychologie des Überzeugens: Wie Sie sich selbst und Ihren Mitmenschen auf die Schliche kommen. Huber, München

7   Herrmann, Sebastian (2013). Starrköpfe überzeugen. Psychotricks für den Umgang mit Verschwörungstheoretikern, Fundamentalisten, Partnern und Ihrem Chef. Rororo, Hamburg, S. 56

8   Edwards, K., & Smith, E. E. (1996). A disconfimation bias in the evaluation of arguments. Journal of Personality and Social Psychology, 71(1), 5–24. https://doi.org/10.1037/0022-3514.71.1.5

9   Carlson, Kurt, Shu, Suzanne (2013). When Thee Charms But Four Alarms: Identifying the Optimal Number of Claims in Persuasion Settings. SSRN, June 10, 2013. https://ssrn.com/abstract=2277117

10 Herrmann, Sebastian. Starrköpfe überzeugen. Rowohlt, Reinbek bei Hamburg, S. 201–203

11 Wranke, Christina (2009). Der Einfluss von Emotionen auf das logische Denken. Justus-Liebig-Universität Gießen

12 Stephan Lewandowsky, John Cook, Ullrich Ecker, Dolores Albarracin, Michelle Amazeen, P. Kendou, D. Lombardi, E. Newman, G. Pennycook, E. Porter, D. Rand, D. Rapp, J. Reifle, J. Roozenbeek, P. Schmid, C. Seifert, G. Sinatra, B. Swire-Thompson, S. van der Linden, E. Vraga, T. Wood, M. Zaragoza. The Debunking Handbook 2020

13 Borbonus, René (2006). Unwiderstehlich überzeugend! Die Kunst der freien, überzeugenden Rede Wortaktiv Verlag, Eckental Kapitel 6

14 Hasher, L., Goldstein, D. & Toppino, T. (1977). Frequency and the Conference of Referential Validity, Journal of Verbal Learning and Verbal Behavior, 16(1), 107–112

15 Arkes, H. R., Boehm, L. & Xu, G. (1991). Determinants of Judged Validity.

Journal of Experimental Social Psychology, 27(6), 576–605

Schwartz, M. (1982). Repetition and Rated Truth Value of Statements. American Journal of Psychology, 95(3), 393–407

16 BBC Radio 4, »More or less«, 14.8.2009, ab Minute 23:10. http://www.bbc.co.uk/programmes/b00lyvz9

17 이 훈련을 토르스텐 하베너(Thorsten Havener)에게서 배웠다.

18 Elkjær, E., Mikkelsen, M. B., Michalak, J., Mennin, D. S. & O'Toole, M.S. (2020). Expansive and contractive postures and movement: A systematic review and meta-analysis of the effect of motor displays on affective and behavioral responses. Perspectives on Psychological Science. doi: 10.1177/1745691620919358

19 Naftulin, D. H., Ware, J. E. & Donnelly, F. A. (1973). The Doctor Fox Lecture: A Paradigm of Educational Seduction. Journal of Medical Education, 48, 630–635.

20 Murphy, N.; Hall, J.; Colvin R. (2003): Accurate intelligence assessments in social interactions. Mediators and gender effects. In: Journal of Personality 71, 3, S. 465–93

21 Mehrabian, A. (1972). Nonverbal Communication. Aldine-Atherton, Chicago.

22 Rogers, Carl R. (1985). Die nicht-direktive Beratung, Fischer, Frankfurt am Main

5장

1 McGuiness, Meagan (2016). »Donald Trump on rooting for housing crisis: ›That's called business«, Boston.com, 26.9.2016. https://www.boston.com/news/politics/2016/09/26/donald-trump-on-rooting-for-housing-crisis-thats-called-business/

2 Robot Hugs (2015). No, we won't ›calm down‹. Everyday Feminism, 7.12.2015. https://everydayfeminism.com/2015/12/tone-policing-and-privilege/

3 Albert, Hans (1994). Die Idee der kritischen Vernunft.In: Aufklärung und Kritik, S. 16 ff. und Popper, Karl R. (1973). Objektive Erkenntnis. Ein

evolutionärer Entwurf. Hamburg, S. 43

4   Online-Lexikon für Psychologie & Pädagogik (o.D.). »Emotionale Erpressung«. https://lexikon.stangl.eu/31212/emotionale-erpressung

5   조지 에드워드 무어(George Edward Moore)에게로 거슬러 올라간다. Stanford Encyclopedia of Philosophy (2004). George Edward Moore. https://plato. stanford.edu/entries/moore/

6   Kennedy, James ; free download full poster: https://jameskennedymonash. files.wordpress.com/2014/01/ingredients-of-a-banana-poster.pdf

7   Mitchell, Terence R. u. a. (1997). Temporal Adjustments in the Evaluation of Events: The ›Rosy View‹, Journal of Experimental Social Psychology, Band 33, No. 4, S. 421–448. https://www.sciencedirect.com/science/article/abs/pii/S0022103197913330

8   Kolmer, Lothar, Rob-Santer, Carmen (2008). Studienbuch Rhetorik. Brill, Leiden 9. Hirschi, Andreas (2011). Laufbhntheorien: Oftführt der Zufall zum Erfolg. Panorama 3, 20–21. https://static1.squarespace.com/static/559a865a e4b00d130d5f6e4f/t/55b7c239e4b05ba33317bb6e/1438106169261/Hir schi_2011_Oft+f%C3%Chrt+der+Zufall+zum+Erfolg.pdf

9   Hirschi, Andreas (2011). Laufbhntheorien: Oftfuhrt der Zufall zum Erfolg. Panorama 3, 20–21. https://static1.squarespace.com/static/559a865a e4b00d130d5f6e4f/t/55b7c239e4b05ba33317bb6e/1438106169261/Hir schi_2011_Oft+f%C3%Chrt+der+Zufall+zum+Erfolg.pdf

10   Sternberg, Robert J., Leighton, Jacqueline P. (2004). The Nature of Reasoning. Cambridge University Press. p. 300. ISBN 978-0-521-00928-7. Retrieved 3 September 2013.

11   Friebe, Janosch A., Instagram »Dr. Jap«

12   ebd.

13   Richardson, Jesse, Smith, Andy, Meaden, Som and Flip Creative. The School of Thought. https://yourlogicalfallacyis.com/de/scheinkausalitaet

14   Hill, Sharon N.; Bartol Kathryn M. (2018). Five Ways to Improve Communication in Virtual Teams. New research reveals simple strategies

that boost performance. In: MIT Sloan Management Review, 60(1)

Thompson, Leigh & Nadler, Janice (2002): Negotiating via Information Technology: Theory and Application. In: Journal of Social Issues, 58(1), S. 109–124

15 Instagram, BILD, Post vom 17.3.20233

16 Allport, Gordon W. (1954). Nature of Prjudice. Addison-Wesley Pub., Boston

17 Kozyreva, Anastasia, Wineburg, Sam, Lewandowsky, Stephan, Hertwig, Ralph (2022). Critical Ignoring as a Core Competence for Digital Citizens, Current Directions in Psychological Science 2022 32:1, 81–88. https://jour nals.sagepub.com/doi/full/10.1177/09637214221121570

부록

1 대릴 데이비스의 이야기는 아래의 자료를 근거로 삼았다.

Ornstein, Matt (2016) [DVD]. Accidental Courtesy, Daryl Davis, Race & America. USA, North Central Regional Library

Duwe, Morena (2020). Daryl Davis: the black musician who converts Ku Klux Klan members, The Guardian, 18.3.2020. https://www.theguardian. com/music/2020/mar/18/daryl-davis-black-musician-who-converts-ku-klux-klan-members

Haas, Michaela (2016). »Ein schwarzer Pianist entmachtet den Ku-Klux-Klan«, Süddeutsche Zeitung Magazin, 16.12.2016, https://sz-magazin.sued deutsche.de/wild-wild-west-amerikakolumne/ein-schwarzer-pianist-ent machtet-den-ku-klux-klan-83122

Leverage (2020). Accidental Courtesy with Daryl Davis, 12.11.2020. https:// optimizeautomateoutsource.libsyn.com/accidental-courtesy-with-daryl-davis Love and Radio (2014). »The Silver Dollar«, 27.2.2014. https://loveandradio. org/2014/02/the-silver-dollar/

2 Boghossian, Peter; Lindsay, James (2020). Die Kunst, schwierige Gespräche zu meistern. riva, München

옮긴이 장혜경

연세대학교 독어독문과를 졸업했으며, 동대학원에서 박사 과정을 수료했다. 독일 학술교류처 장학생으로 하노버에서 공부했으며, 현재 전문 번역가로 활동 중이다. 《내가 누구인지 아는 것이 왜 중요한가》, 《가까운 사람이 의존성 성격 장애일 때》, 《우리는 여전히 삶을 사랑하는가》, 《설득의 법칙》 등 많은 도서를 우리말로 옮겼다.

자기만 옳다는 사람과 대화하는 법

초판 1쇄 발행 2024년 7월 8일
초판 2쇄 발행 2024년 8월 1일

지은이 • 마리테레즈 브라운
옮긴이 • 장혜경

펴낸이 • 박선경
기획/편집 • 이유나, 지혜빈, 김선우
마케팅 • 박언경, 황예린, 서민서
표지 디자인 • 구경표
제작 • 디자인원(031-941-0991)

펴낸곳 • 도서출판 갈매나무
출판등록 • 2006년 7월 27일 제395-2006-000092호
주소 • 경기도 고양시 일산동구 호수로 358-39 (백석동, 동문타워 I) 808호
전화 • (031)967-5596
팩스 • (031)967-5597
블로그 • blog.naver.com/kevinmanse
이메일 • kevinmanse@naver.com
페이스북 • www.facebook.com/galmaenamu
인스타그램 • www.instagram.com/galmaenamu.pub

ISBN 979-11-91842-69-2/03320
값 18,500원